Asiatisk Smagsrejse
Nærhed til Tradition og Eksotiske Aromer

Lin Chen

Indeks

Kylling med bambusskud 10
dampet skinke 11
bacon med kål 12
Mandel kylling 13
Kylling med mandler og vandkastanjer 15
Kylling med mandler og grøntsager 16
Anis kylling 17
Abrikos kylling 19
Kylling med asparges 20
Kylling med aubergine 21
Kylling Bacon Wrap 22
Kylling med bønnespirer 23
Kylling med sorte bønnesauce 24
Kylling med broccoli 25
Kylling med kål og peanuts 26
Kylling med cashewnødder 27
kastanje kylling 29
Krydret chili kylling 30
Kylling stegt med peber 31
kinesisk kylling 33
Kylling chow mein 34
Sprødstegt, smagfuld kylling 36
Stegt kylling med agurk 37
Kylling karry med peber 39
Kinesisk karry kylling 40
Hurtig kylling karry 41
Kylling karry med kartofler 42
Stegt kyllingelår 43
Stegt kylling med karrysauce 44
beruset kylling 45
Saltet kylling med æg 46
kyllingæggeruller 48

Stegt kylling med æg ... 50
fjernøstlig kylling ... 52
Chicken Foo Young ... 53
Skinke og kylling Foo Yung ... 54
Stegt kylling med ingefær ... 55
Kylling med ingefær ... 56
Ingefærkylling med champignon og kastanjer ... 57
Gylden kylling ... 58
Marineret gylden kyllingegryderet ... 59
guldmønter ... 60
Dampet kylling med skinke ... 62
Kylling med hoisinsauce ... 62
honning kylling ... 64
Kung Pao kylling ... 64
Kylling med porre ... 66
Kylling med citron ... 67
Citronstegt kylling ... 69
Kyllingelever med bambusskud ... 70
Stegt kyllingelever ... 71
Kyllingelever med sneærter ... 72
Kyllingelever med dejpandekager ... 73
Kyllingelever med østerssauce ... 74
Kyllingelever med ananas ... 75
Sød og sur kyllingelever ... 76
Kylling med litchi ... 77
Kylling med litchisauce ... 78
Kylling med sneærter ... 79
Mango kylling ... 80
Melon fyldt med kylling ... 81
Braiseret kylling og svampe ... 82
Kylling med svampe og jordnødder ... 83
Stegt kylling med svampe ... 85
Dampet kylling med svampe ... 86
kylling med løg ... 87
Kylling med appelsin og citron ... 88
Kylling med østerssauce ... 89

portioner kylling 90
jordnøddekylling 91
Peanut Butter Kylling 92
Kylling med grønne ærter 93
Peking kylling 94
peber kylling 95
Kylling stegt med peber 97
kylling og ananas 99
Kylling med ananas og litchi 100
Kylling med svinekød 101
Stegt kylling med kartofler 102
Fem krydderier kylling med kartofler 103
Rød kogt kylling 104
kyllingefrikadeller 105
Salt kylling 106
Kylling i sesamolie 107
Sherry kylling 108
Kylling med sojasovs 109
Krydret stegt kylling 110
Kylling med spinat 111
kyllingeforårsruller 112
Krydret flæskesteg 114
dampede svineboller 115
Svinekød med kål 117
Svinekød med kål og tomater 119
Marineret svinekød med kål 120
Svinekød med selleri 122
Svinekød med kastanjer og svampe 123
svinekotelet 124
Svinekød yakisoba 125
Fried Pork Chow Mein 127
Svinekød med chutney 128
Svinekød med agurk 129
Sprøde svinekødswraps 130
Svineboller med æg 131
Svinekød og rejerruller 132

Braiseret svinekød med æg *133*
brandsvin *134*
Stegt svinemørbrad *135*
Svinekød med fem krydderier *136*
Duftende flæskesteg *137*
Svinekød med hakket hvidløg *138*
Stegt flæsk med ingefær *139*
Svinekød med grønne bønner *140*
Svinekød med skinke og tofu *141*
stegte svinespyd *143*
Stegt svinekød i rød sauce *144*
marineret svinekød *146*
Marinerede svinekoteletter *147*
Svinekød med svampe *148*
dampet frikadelle *149*
Rød gris med svampe *150*
Svinekødspandekager med nudler *151*
Svinekød og rejer med nudelpandekager *152*
Svinekød med østerssauce *153*
Svinekød med jordnødder *154*
Svinekød med peberfrugt *156*
Krydret svinekød med pickles *157*
Svinekød med blommesauce *158*
Svinekød med rejer *159*
rød gris *160*
Svinekød i rød sauce *161*
Svinekød med risnudler *163*
Rige svineboller *165*
Stegte svinekoteletter *166*
speget svinekød *167*
Glade flæskeskiver *168*
Svinekød med spinat og gulerødder *169*
dampet svinekød *170*
Stegt flæsk *171*
Svinekød med søde kartofler *172*
Flæsk sødt-syrligt *173*

saltet svinekød *174*
Svinekød med tofu *175*
blødt svinekød *176*
To gange svinekød *177*
svinekød med grøntsager *178*
Svinekød med nødder *179*
Svinekød Wontons *180*
Svinekød med vandkastanjer *181*
Svinekød og rejer wontons *182*
Dampede frikadeller *183*
Ribben med sorte bønnesauce *184*
Braiseret ribben *185*
Stegt ahornschnitzel *186*
Stegt Schnitzel *187*
Ribben med porre *188*
Ribben med svampe *189*
Ribben med appelsin *190*
ananaskotelet *191*
Sprød rejekotelet *192*
Ribben i risvin *193*
Ribben med sesam *194*
Schnitzel med sød og sur sauce *195*
Braiseret ribben *197*
Ribben med tomat *198*
Grillet flæskesteg *199*
Kold flæsk med sennep *200*
Kinesisk flæskesteg *201*
Svinekød med spinat *202*
stegte svinefrikadeller *203*
Svinekød og rejerruller *204*
Dampet hakket svinekød *205*
Stegt flæsk med krabbekød *206*
Svinekød med bønnespirer *207*
beruset gris *208*
dampet svinelår *209*
Flæskesteg med grøntsager *211*

To gange svinekød *212*
Svinekødsnyrer med sukkerærter *213*

Kylling med bambusskud

Til 4 portioner

45 ml / 3 spsk jordnøddeolie (jordnøddeolie).

1 fed hvidløg, knust

1 skalotteløg (forårsløg), hakket

1 skive ingefærrod, hakket

225 g kyllingebryst, skåret i skiver

225 g bambusskud, skåret i skiver

45 ml / 3 spsk sojasovs

15 ml / 1 spsk risvin eller tør sherry

5 ml / 1 tsk majsmel (majsstivelse)

Varm olien op og svits hvidløg, skalotteløg og ingefær let brunet. Tilsæt kyllingen og svits i 5 minutter. Tilsæt bambusskuddene og sauter i 2 minutter. Rør sojasovs, vin eller sherry og majsmel i og sauter indtil kyllingen er mør, cirka 3 minutter.

dampet skinke

Til 6-8 personer

900 g frisk skinke

30 ml / 2 spsk brun farin

60 ml / 4 spsk risvin eller tør sherry

Læg skinken i et varmefast fad på en rist, dæk til og damp i kogende vand i ca 1 time. Tilsæt sukker og vin eller sherry i skålen, læg låg på og damp i yderligere en time, eller indtil skinken er gennemstegt. Lad den køle af i skålen, inden den skæres i skiver.

bacon med kål

Til 4 portioner

4 strimler stribet bacon, skrællet og hakket

2,5 ml/½ tsk salt

1 skive ingefærrod, hakket

½ kål, hakket

75 ml / 5 spsk hønsebouillon

15 ml / 1 spsk østerssauce

Steg baconen sprød, og tag den derefter af panden. Tilsæt salt og ingefær og svits i 2 minutter. Tilsæt kålen og bland godt, rør derefter baconen i og tilsæt bouillonen, læg låg på og kog indtil kålen er mør, men stadig let sprød, ca. 5 minutter. Tilsæt østerssaucen, læg låg på og kog i 1 minut før servering.

Mandel kylling

Til 4-6 personer

375 ml / 13 fl oz / 1½ kop kyllingebouillon

60 ml / 4 spsk risvin eller tør sherry

45 ml / 3 spsk majsmel (majsstivelse)

15 ml / 1 spsk sojasovs

4 kyllingebryst

1 æggehvide

2,5 ml/½ tsk salt

fritureolie

75 g / 3 oz / ½ kop blancherede mandler

1 stor gulerod i tern

5 ml/1 tsk revet ingefærrod

6 forårsløg (spidskål), skåret i skiver

3 stænger selleri, skåret i skiver

100 g champignon i skiver

100 g bambusskud, skåret i skiver

Kom bouillon, halvdelen af vinen eller sherryen, 30 ml/2 spsk majsmel og sojasovs i en gryde. Bring i kog under omrøring og kog i 5 minutter, indtil blandingen tykner. Fjern fra komfuret og hold varmt.

Fjern skind og knogler fra kyllingen og skær i 2,5 cm/1 cm stykker. Kombiner den resterende vin eller sherry og majsmel, æggehvide og salt, tilsæt kyllingestykker og bland godt. Varm olien op og steg kyllingestykkerne et ad gangen, indtil de er gyldenbrune, cirka 5 minutter. Tør godt. Fjern alt undtagen 30 ml/2 spsk olie fra panden, og svits mandlerne i 2 minutter, indtil de er gyldenbrune. Tør godt. Tilsæt gulerod og ingefær til gryden og sauter i 1 minut. Tilsæt de resterende grøntsager og sauter, indtil grøntsagerne er møre, men stadig sprøde, cirka 3 minutter. Kom kyllingen og mandlerne tilbage i gryden med saucen og rør ved moderat varme i et par minutter, indtil de er gennemvarme.

Kylling med mandler og vandkastanjer

Til 4 portioner

6 tørrede kinesiske svampe
4 stykker kylling, udbenet
100 g / 4 oz malede mandler
Salt og friskkværnet peber
60 ml/4 spsk jordnøddeolie
100 g vandkastanjer, skåret i skiver
75 ml / 5 spsk hønsebouillon
30 ml / 2 spsk sojasovs

Udblød svampene i varmt vand i 30 minutter og afdryp. Fjern stilkene og skær spidserne af. Skær kyllingen i tynde skiver. Krydr mandlerne rigeligt med salt og peber og pensl kyllingeskiverne med mandlerne. Varm olien op og svits kyllingen, indtil den er let brunet. Tilsæt svampe, vandkastanjer, bouillon og sojasovs, bring det i kog, læg låg på og kog i et par minutter, indtil kyllingen er mør.

Kylling med mandler og grøntsager

Til 4 portioner

75 ml/5 spsk jordnøddeolie

4 ingefærrodsskiver, hakket

5 ml/1 tsk salt

100 g kinakål, hakket

50 g bambusskud i tern

50 g champignon i tern

2 stænger selleri i tern

3 vandkastanjer i tern

120 ml / 4 fl oz / ½ kop kyllingebouillon

225 g kyllingebryst i tern

15 ml / 1 spsk risvin eller tør sherry

50 g sneærter (ærter)

100 g ristede flager af mandler

10 ml / 2 tsk majsmel (majsstivelse)

15 ml / 1 spsk vand

Varm halvdelen af olien op og svits ingefær og salt i 30 sekunder. Tilsæt kål, bambusskud, svampe, selleri og vandkastanjer og sauter i 2 minutter. Tilsæt bouillon, bring i kog, læg låg på og kog i 2 minutter. Fjern grøntsagerne og saucen fra gryden. Varm den resterende olie op og steg kyllingen i 1 minut. Tilsæt vin eller sherry og steg i 1 minut. Kom grøntsagerne tilbage i gryden med sneærter og mandler og kog i 30 sekunder. Bland majsmel og vand til en pasta, bland med saucen og kog under omrøring, indtil saucen tykner.

Anis kylling

Til 4 portioner

75 ml/5 spsk jordnøddeolie

2 løg, hakket

1 fed hvidløg, hakket

2 skiver ingefærrod, hakket

15 ml/1 spsk mel (all-purpose mel)

30 ml/2 spsk karrypulver

450 g/1 lb kylling i tern

15 ml / 1 spsk sukker

30 ml / 2 spsk sojasovs

450 ml / ¾ pt / 2 kopper hønsebouillon

2 stjerneanis søjler

225 g kartofler i tern

Varm halvdelen af olien op og sauter løgene, indtil de er let brune, og tag dem derefter af panden. Varm den resterende olie op og svits hvidløg og ingefær i 30 sekunder. Tilsæt mel og karry og kog i 2 minutter. Kom løgene tilbage i gryden, tilsæt kyllingen og svits i 3 minutter. Tilsæt sukker, sojasovs, bouillon og anis, bring det i kog og kog tildækket i 15 minutter. Tilsæt kartoflerne, bring det i kog igen, læg låg på og kog i yderligere 20 minutter, indtil de er møre.

Abrikos kylling

Til 4 portioner

4 stykker kylling
Salt og friskkværnet peber
Knip malet ingefær
60 ml/4 spsk jordnøddeolie
225 g abrikoser på dåse, halveret
300 ml / ½ pt / 1 ¼ kopper sød og sur sauce
30 ml/2 spsk mandler i flager, ristede

Krydr kyllingen med salt, peber og ingefær. Varm olien op og svits kyllingen, indtil den er let brunet. Dæk til og kog indtil de er møre, cirka 20 minutter, vend lejlighedsvis. Dræn olien af. Tilsæt abrikoser og sauce til gryden, bring det i kog, læg låg på og lad det simre, indtil det er gennemvarmet, cirka 5 minutter. Pynt med flagede mandler.

Kylling med asparges

Til 4 portioner

45 ml / 3 spsk jordnøddeolie (jordnøddeolie).

5 ml/1 tsk salt

1 fed hvidløg, knust

1 skalotteløg (forårsløg), hakket

1 kyllingebryst, skåret i skiver

30 ml / 2 spsk sort bønnesauce

350 g asparges, skåret i 2,5 cm stykker

120 ml / 4 fl oz / ½ kop kyllingebouillon

5 ml/1 tsk sukker

15 ml / 1 spsk majsmel (majsstivelse)

45 ml / 3 spsk vand

Varm halvdelen af olivenolien op og svits salt, hvidløg og purløg, indtil de er let brune. Tilsæt kyllingen og sauter indtil den er let brunet. Tilsæt den sorte bønnesauce og rør rundt for at dække kyllingen. Tilsæt asparges, bouillon og sukker, bring det i kog, læg låg på og kog i 5 minutter, indtil kyllingen er mør. Pisk majsmel og vand sammen, indtil der dannes en pasta, rør i gryden og kog under omrøring, indtil saucen er klar og tyknet.

Kylling med aubergine

Til 4 portioner

225 g kylling i skiver

15 ml / 1 spsk sojasovs

15 ml / 1 spsk risvin eller tør sherry

15 ml / 1 spsk majsmel (majsstivelse)

1 aubergine (aubergine), skrællet og skåret i strimler

30 ml/2 spsk jordnøddeolie

2 tørrede røde peberfrugter

2 fed hvidløg, knust

75 ml / 5 spsk hønsebouillon

Kom kyllingen i en skål. Kombiner sojasovs, vin eller sherry og majsmel, bland med kylling og lad stå i 30 minutter. Blancher auberginerne i kogende vand i 3 minutter og dryp dem godt af. Varm olien op og brun peberfrugterne heri, fjern og kassér. Tilsæt hvidløg og kylling og svits indtil let brunet. Tilsæt bouillon og aubergine, bring i kog, læg låg på og kog i 3 minutter under omrøring af og til.

Kylling Bacon Wrap

Til 4-6 personer

225 g kylling i tern

30 ml / 2 spsk sojasovs

15 ml / 1 spsk risvin eller tør sherry

5 ml/1 tsk sukker

5 ml/1 tsk sesamolie

Salt og friskkværnet peber

225 g baconskiver

1 let pisket æg

100 g/4 ounce almindeligt mel (all-purpose mel)

fritureolie

4 tomater, skåret i skiver

Bland kyllingen med sojasovsen, vin eller sherry, sukker, sesamolie, salt og peber. Dæk til og mariner i 1 time, rør af og til, fjern derefter kyllingen og kassér marinaden. Skær baconen i små stykker og vikl om kyllingeternerne. Pisk æggene med melet til en tyk dej, tilsæt evt. lidt mælk. Dyp ternene i dejen. Varm olien op og steg ternene til de er gyldenbrune og gennemstegte. Server pyntet med cherrytomater.

Kylling med bønnespirer

Til 4 portioner

45 ml / 3 spsk jordnøddeolie (jordnøddeolie).

1 fed hvidløg, knust

1 skalotteløg (forårsløg), hakket

1 skive ingefærrod, hakket

225 g kyllingebryst, skåret i skiver

225 g bønnespirer

45 ml / 3 spsk sojasovs

15 ml / 1 spsk risvin eller tør sherry

5 ml / 1 tsk majsmel (majsstivelse)

Varm olien op og svits hvidløg, skalotteløg og ingefær let brunet. Tilsæt kyllingen og svits i 5 minutter. Tilsæt bønnespirerne og sauter i 2 minutter. Rør sojasovs, vin eller sherry og majsmel i og sauter indtil kyllingen er mør, cirka 3 minutter.

Kylling med sorte bønnesauce

Til 4 portioner

30 ml/2 spsk jordnøddeolie

5 ml/1 tsk salt

30 ml / 2 spsk sort bønnesauce

2 fed hvidløg, knust

450 g/1 lb kylling i tern

250 ml / 8 fl oz / 1 kop bouillon

1 grøn peberfrugt, skåret i tern

1 hakket løg

15 ml / 1 spsk sojasovs

friskkværnet peber

15 ml / 1 spsk majsmel (majsstivelse)

45 ml / 3 spsk vand

Varm olien op og svits salt, sorte bønner og hvidløg i 30 sekunder. Tilsæt kyllingen og sauter indtil den er let brunet. Tilsæt bouillon, bring det i kog, læg låg på og kog i 10 minutter. Tilsæt paprika, løg, sojasovs og peber, læg låg på og kog i yderligere 10 minutter. Pisk majsmel og vand sammen, indtil der dannes en pasta, kombiner med saucen og kog under omrøring, indtil saucen tykner og kyllingen er mør.

Kylling med broccoli

Til 4 portioner

450 g kylling i tern

225 g kyllingelever

45 ml/3 spsk mel (all-purpose mel)

45 ml / 3 spsk jordnøddeolie (jordnøddeolie).

1 løg, i tern

1 rød peberfrugt i tern

1 grøn peberfrugt, skåret i tern

225 g broccolibuketter

4 ananasskiver i tern

30 ml / 2 spsk tomatpure (pasta)

30 ml/2 spsk hoisinsauce

30 ml/2 spsk honning

30 ml / 2 spsk sojasovs

300 ml / ½ pt / 1¼ kopper hønsebouillon

10 ml/2 tsk sesamolie

Mel kylling og kyllingelever. Varm olien op og steg leveren i 5 minutter, og tag den derefter af panden. Tilsæt kyllingen, læg låg på og sauter ved moderat varme i 15 minutter, mens der røres af og til. Tilsæt grøntsagerne og ananas og sauter i 8 minutter. Kom leverne tilbage i wokken, tilsæt de resterende ingredienser og bring det i kog. Kog under omrøring, indtil saucen tykner.

Kylling med kål og peanuts

Til 4 portioner

45 ml / 3 spsk jordnøddeolie (jordnøddeolie).

30 ml / 2 spsk jordnødder

450 g/1 lb kylling i tern

Skær ½ kål i firkanter

15 ml / 1 spsk sort bønnesauce

2 røde peberfrugter, hakket

5 ml/1 tsk salt

Varm lidt olie op og steg peanuts i et par minutter under konstant omrøring. Fjern, afdryp og purér. Varm den resterende olie op og svits kylling og kål, indtil de er let brunede. Tag op af gryden. Tilsæt chilisauce med sorte bønne og sauter i 2 minutter. Kom kyllingen og kålen tilbage i gryden med de hakkede peanuts og smag til med salt. Steg varmt og server straks.

Kylling med cashewnødder

Til 4 portioner

30 ml / 2 spsk sojasovs

30 ml / 2 spsk majsmel (majsstivelse)

15 ml / 1 spsk risvin eller tør sherry

350 g / 12 oz kylling, i tern

45 ml / 3 spsk jordnøddeolie (jordnøddeolie).

2,5 ml/½ tsk salt

2 fed hvidløg, knust

225 g / 8 oz svampe, skåret i skiver

100 g vandkastanjer, skåret i skiver

100 gram bambusskud

50 g sneærter (ærter)

225 g / 8 ounce / 2 kopper cashewnødder

300 ml / ½ pt / 1¼ kopper hønsebouillon

Kombiner sojasovs, majsmel og vin eller sherry, hæld over kyllingen, læg låg på og mariner i mindst 1 time. Opvarm 30 ml/2 spsk olie med salt og hvidløg og svits indtil hvidløg er let brunet. Tilsæt kyllingen med marinaden og svits i 2 minutter, indtil kyllingen er let brunet. Tilsæt svampe, vandkastanjer, bambusskud og sneærter og sauter i 2 minutter. Varm imens den resterende olie op i en separat gryde og steg cashewnødderne ved svag varme i et par minutter, indtil de er gyldenbrune. Tilsæt til gryden med bouillon, bring det i kog, læg låg på og kog i 5 minutter. Hvis saucen ikke er tyk nok, tilsæt lidt majsmel blandet med en spiseskefuld *kastanje kylling*

Til 4 portioner

225 g kylling i skiver

5 ml/1 tsk salt

15 ml / 1 spsk sojasovs

fritureolie

250 ml / 8 fl oz / 1 kop kyllingebouillon

200 g vandkastanjer, hakket

225 g kastanjer, hakket

225 g svampe, skåret i kvarte

15 ml/1 spsk hakket frisk persille

Drys kyllingen med salt og sojasovs og gnid godt. Varm olien op og steg kyllingen, til den er gyldenbrun, fjern den og afdryp den. Læg kyllingen i en gryde med bouillonen, bring det i kog og kog i 5 minutter. Tilsæt vandkastanjer, kastanjer og svampe og kog tildækket i cirka 20 minutter, indtil det hele er blødt. Server pyntet med persille.

Krydret chili kylling

Til 4 portioner

350 g kylling i tern

1 æg, let pisket

10 ml/2 tsk sojasovs

2,5 ml/½ tsk majsmel (majsstivelse)

fritureolie

1 grøn peberfrugt, skåret i tern

4 fed hvidløg, knust

2 røde peberfrugter, hakket

5 ml/1 tsk friskkværnet peber

5 ml/1 tsk vineddike

5 ml/1 tsk vand

2,5 ml/½ tsk sukker

2,5 ml/½ tsk chiliolie

2,5 ml/½ tsk sesamolie

Bland kyllingen med ægget, halvdelen af sojasovsen og majsmel og lad hvile i 30 minutter. Varm olien op, steg kyllingen til den er gyldenbrun og dryp godt af. Hæld alt undtagen 15 ml/1 spsk olie fra panden, tilsæt chili, hvidløg og chili og sauter i 30 sekunder. Tilsæt peber, vineddike, vand og sukker og steg i 30 sekunder. Kom kyllingen tilbage i gryden og svits i et par minutter, indtil den er mør. Server drysset med sesamolie og peber.

Kylling stegt med peber

Til 4 portioner

225 g kylling i skiver

2,5 ml/½ tsk sojasovs

2,5 ml/½ tsk sesamolie

2,5 ml/½ tsk risvin eller tør sherry

5 ml / 1 tsk majsmel (majsstivelse)

Salt

45 ml / 3 spsk jordnøddeolie (jordnøddeolie).

100 g spinat

4 forårsløg (spidskål), hakket

2,5 ml/½ teskefuld chilipulver

15 ml / 1 spsk vand

1 tomat, skåret i skiver

Smag kyllingen til med sojasovs, sesamolie, vin eller sherry, halvdelen af majsmelet og en knivspids salt. Lad hvile i 30 minutter. Opvarm 15 ml/1 spsk olie og svits kyllingen, indtil den er let brunet. Fjern fra wokken. Opvarm 15 ml/1 spsk olie, svits spinaten, indtil den visner, og tag den ud af wokken. Varm den resterende olie op og steg skalotteløg, chilipulver, vand og det resterende majsmel i 2 minutter. Tilsæt kyllingen og sauter kort. Anret spinaten på en varm tallerken, læg kyllingen ovenpå og server pyntet med tomaterne.

kinesisk kylling

Til 4 portioner

100 g kinesiske blade, hakket
100 g bambusskud, skåret i strimler
60 ml/4 spsk jordnøddeolie
3 forårsløg (spidskål), skåret i skiver
2 fed hvidløg, knust
1 skive ingefærrod, hakket
225 g kyllingebryst, skåret i strimler
45 ml / 3 spsk sojasovs
15 ml / 1 spsk risvin eller tør sherry
5 ml/1 tsk salt
2,5 ml/½ tsk sukker
friskkværnet peber
15 ml / 1 spsk majsmel (majsstivelse)

Blancher kinesiske blade og bambusskud i kogende vand i 2 minutter. Dræn og tør. Opvarm 45 ml/3 spsk olie og sauter løg, hvidløg og ingefær, indtil de er let brunede. Tilsæt kyllingen og svits i 4 minutter. Tag op af gryden. Varm den resterende olie op og steg grøntsagerne i 3 minutter. Tilsæt kylling, sojasovs, vin eller sherry, salt, sukker og en knivspids peber og sauter i 1 minut. Bland majsstivelsen med lidt vand, tilsæt saucen og kog under omrøring, indtil saucen bliver lysere og tykkere.

Kylling chow mein

Til 4 portioner

30 ml/2 spsk jordnøddeolie

2 fed hvidløg, knust

450 g/1 lb kylling, skåret i skiver

225 g bambusskud, skåret i skiver

100 g selleri, skåret i skiver

225 g / 8 oz svampe, skåret i skiver

450 ml / ¾ pt / 2 kopper hønsebouillon

225 g bønnespirer

4 løg, skåret i tern

30 ml / 2 spsk sojasovs

30 ml / 2 spsk majsmel (majsstivelse)

225 g tørrede kinesiske nudler

Varm olien op med hvidløg, indtil den er gyldenbrun, tilsæt derefter kyllingen og svits i 2 minutter, indtil den er gyldenbrun. Tilsæt bambusskud, selleri og svampe og sauter i 3 minutter. Tilsæt det meste af bouillonen, bring det i kog, læg låg på og kog i 8 minutter. Tilsæt bønnespirer og løg og kog under omrøring i 2 minutter, indtil der er noget bouillon tilbage. Bland den resterende bouillon med sojasovs og majsmel. Tilføj til gryden og kog under omrøring, indtil saucen lysner og tykner.

Kog imens nudlerne i kogende saltet vand i et par minutter efter pakkens anvisning. Dræn godt af, bland med kyllingeblandingen og server straks.

Sprødstegt, smagfuld kylling

Til 4 portioner

450 g kylling, skåret i stykker

30 ml / 2 spsk sojasovs

30 ml / 2 spsk blommesauce

45 ml/3 spsk mango chutney

1 fed hvidløg, knust

2,5 ml/½ teskefuld malet ingefær

et par dråber brandy

30 ml / 2 spsk majsmel (majsstivelse)

2 sammenpisket æg

100 g / 4 ounce / 1 kop tørre brødkrummer

30 ml/2 spsk jordnøddeolie

6 forårsløg (spidskål), hakket

1 rød peberfrugt i tern

1 grøn peberfrugt, skåret i tern

30 ml / 2 spsk sojasovs

30 ml/2 spsk honning

30ml/2 spsk vineddike

Kom kyllingen i en skål. Kombiner saucer, chutneys, hvidløg, ingefær og brandy, hæld over kyllingen, læg låg på og mariner i 2 timer. Dræn kyllingen, og drys derefter med majsmel. Tilsæt æg og derefter rasp. Varm olien op og steg kyllingen til den er gyldenbrun. Tag op af gryden. Tilsæt grøntsagerne, sauter i 4 minutter og fjern derefter. Hæld olien fra gryden og kom kyllingen og grøntsagerne tilbage i gryden med de øvrige ingredienser. Bring i kog og varm op inden servering.

Stegt kylling med agurk

Til 4 portioner

225 g kyllingekød

1 æggehvide

2,5 ml/½ tsk majsmel (majsstivelse)

Salt

½ agurk

30 ml/2 spsk jordnøddeolie

100 gram svampe

50 g bambusskud, skåret i strimler

50 g skinke i tern

15 ml / 1 spsk vand

2,5 ml/½ tsk salt

2,5 ml/½ tsk risvin eller tør sherry

2,5 ml/½ tsk sesamolie

Skær kyllingen i skiver og skær den i små stykker. Bland med æggehvide, majsmel og salt og lad hvile. Halver agurken på langs og skær diagonalt i tykke skiver. Varm olien op og svits kyllingen, indtil den er let brunet, og tag den derefter af panden. Tilsæt agurk og bambusskud og svits i 1 minut. Kom kyllingen tilbage i gryden med skinke, vand, salt og vin eller sherry. Bring i kog og kog indtil kyllingen er mør. Server drysset med sesamolie.

Kylling karry med peber

Til 4 portioner

120 ml / 4 fl oz / ½ kop jordnøddeolie

4 stykker kylling

1 hakket løg

5ml/1 tsk karrypulver

5 ml / 1 tsk chilisauce

15 ml / 1 spsk risvin eller tør sherry

2,5 ml/½ tsk salt

600 ml / 1 pt / 2½ kopper hønsebouillon

15 ml / 1 spsk majsmel (majsstivelse)

45 ml / 3 spsk vand

5 ml/1 tsk sesamolie

Varm olien op, steg kyllingestykkerne gyldenbrune på begge sider og tag dem af panden. Tilsæt løg, karry og chilisauce og svits i 1 minut. Tilsæt vinen eller sherryen og salt, bland godt, kom derefter kyllingen tilbage i gryden og bland igen. Tilsæt bouillon, bring det i kog og lad det simre, indtil kyllingen er mør, cirka 30 minutter. Hvis saucen ikke er reduceret nok, blandes majsmel og vand til en pasta, tilsæt lidt til saucen og kog under omrøring, indtil saucen tykner. Server drysset med sesamolie.

Kinesisk karry kylling

Til 4 portioner

45 ml/3 spsk karrypulver

1 løg, skåret i skiver

350 g / 12 oz kylling, i tern

150 ml/¼ pt/dynger ½ kop hønsebouillon

5 ml/1 tsk salt

10 ml / 2 tsk majsmel (majsstivelse)

15 ml / 1 spsk vand

Varm karry og løg i en tør stegepande i to minutter, og vend panden, så den dækker løget. Tilsæt kyllingen og rør, indtil den er godt dækket af karryen. Tilsæt bouillon og salt, bring det i kog, læg låg på og kog indtil kyllingen er mør, cirka 5 minutter. Bland majsmel og vand til en pasta, rør i gryden og kog under omrøring, indtil saucen tykner.

Hurtig kylling karry

Til 4 portioner

450 g kyllingebryst i tern

45 ml / 3 spsk risvin eller tør sherry

50 g majsmel (majsstivelse)

1 æggehvide

Salt

150 ml/¼ pt/ophobet ½ kop jordnøddeolie

15 ml/1 spsk karrypulver

10 ml / 2 tsk brun farin

150 ml/¼ pt/dynger ½ kop hønsebouillon

Rør kyllingetern og sherry i. Reserver 10 ml/2 tsk majsmel. Pisk æggehviderne med det resterende majsmel og en knivspids salt, og rør derefter kyllingen i, indtil den er godt dækket. Varm olien op og steg kyllingen til den er gennemstegt og brunet. Fjern fra gryden og dræn alt undtagen 15 ml/1 spsk olie. Tilsæt det reserverede majsmel, karrypulver og sukker og sauter i 1 minut. Tilsæt bouillon, bring det i kog og kog under konstant omrøring, indtil saucen tykner. Kom kyllingen tilbage i gryden, rør rundt og varm op igen inden servering.

Kylling karry med kartofler

Til 4 portioner

45 ml / 3 spsk jordnøddeolie (jordnøddeolie).

2,5 ml/½ tsk salt

1 fed hvidløg, knust

750 g kylling i tern

225 g kartofler i tern

4 løg, skåret i tern

15 ml/1 spsk karrypulver

450 ml / ¾ pt / 2 kopper hønsebouillon

225 g / 8 oz svampe, skåret i skiver

Varm olien op med salt og hvidløg, tilsæt kyllingen og svits den gylden. Tilsæt kartofler, løg og karry og steg i 2 minutter. Tilsæt bouillon, bring det i kog, læg låg på og kog indtil kyllingen er mør, ca. 20 minutter, under omrøring af og til. Tilsæt svampene, tag låget af og kog i yderligere 10 minutter, indtil væsken er reduceret.

Stegt kyllingelår

Til 4 portioner

2 store kyllingelår, udbenet

2 forårsløg (forårsløg)

1 skive ingefær, pisket flad

120 ml / 4 fl oz / ½ kop sojasovs

5 ml/1 tsk risvin eller tør sherry

fritureolie

5 ml/1 tsk sesamolie

friskkværnet peber

Del kyllingen og skær alt. Rør den ene purløg i og hak den anden. Bland purløgsmosen med ingefær, sojasovs og vin eller sherry. Hæld kyllingen over og mariner i 30 minutter. Tag ud og dræn. Læg på en tallerken på en dampkoger og damp i 20 minutter.

Varm olien op og steg kyllingen, indtil den er gyldenbrun, cirka 5 minutter. Tag dem op af gryden, dryp godt af og skær dem i tykke skiver, og anbring derefter skiverne på et forvarmet serveringsfad. Varm sesamolie op, tilsæt hakket purløg og peber, hæld over kyllingen og server.

Stegt kylling med karrysauce

Til 4 portioner

1 æg, let pisket

30 ml / 2 spsk majsmel (majsstivelse)

25 g / 1 oz / ¼ kop almindeligt mel (all-purpose mel)

2,5 ml/½ tsk salt

225 g kylling i tern

fritureolie

30 ml/2 spsk jordnøddeolie

30 ml/2 spsk karrypulver

60 ml / 4 spsk risvin eller tør sherry

Bland ægget med majsmel, mel og salt, indtil der dannes en tyk dej. Hæld kyllingen over og bland godt, indtil den er dækket. Varm olien op og steg kyllingen til den er gyldenbrun og gennemstegt. Varm imens olien op og sauter karrypulveret i 1 minut. Tilsæt vin eller sherry og bring det i kog. Læg kyllingen på en varm tallerken og hæld karrysaucen over.

beruset kylling

Til 4 portioner

450 g kyllingefilet, skåret i stykker
60 ml / 4 spsk sojasovs
30 ml/2 spsk hoisinsauce
30 ml / 2 spsk blommesauce
30ml/2 spsk vineddike
2 fed hvidløg, knust
knivspids salt
et par dråber chiliolie
2 æggehvider
60 ml / 4 spsk majsmel (majsstivelse)
fritureolie
200 ml / ½ pt / 1¼ kopper risvin eller tør sherry

Kom kyllingen i en skål. Bland saucerne med vineddike, hvidløg, olie, salt og peber, hæld over kyllingen og mariner i køleskabet i 4 timer. Pisk æggehviderne stive og rør i majsmelen. Fjern kyllingen fra marinaden og pensl med æggehvideblandingen. Varm olien op og steg kyllingen til den er gennemstegt og brunet. Dræn godt af på køkkenpapir og kom i en skål. Hæld vin eller sherry over, dæk til og mariner i køleskabet i 12 timer. Fjern kyllingen fra vinen og server den afkølet.

Saltet kylling med æg

Til 4 portioner

30 ml/2 spsk jordnøddeolie
4 stykker kylling
2 forårsløg (spidskål), hakket
1 fed hvidløg, knust
1 skive ingefærrod, hakket
175 ml / 6 fl oz / ¾ kop sojasovs
30 ml / 2 spsk risvin eller tør sherry
30 ml / 2 spsk brun farin
5 ml/1 tsk salt
375 ml / 13 fl oz / 1½ kopper vand
4 hårdkogte æg (hårdkogte)

15 ml / 1 spsk majsmel (majsstivelse)

Varm olien op og steg kyllingestykkerne til de er gyldenbrune. Tilsæt skalotteløg, hvidløg og ingefær og svits i 2 minutter. Tilsæt sojasovs, vin eller sherry, sukker og salt og bland godt. Tilsæt vand og bring det i kog, dæk til og kog i 20 minutter. Tilsæt de hårdkogte æg, læg låg på og kog i yderligere 15 minutter. Bland majsstivelsen med lidt vand, tilsæt saucen og kog under omrøring, indtil saucen bliver lysere og tykkere.

kyllingæggeruller

Til 4 portioner

4 tørrede kinesiske svampe

100 g kylling, skåret i strimler

5 ml / 1 tsk majsmel (majsstivelse)

15 ml / 1 spsk sojasovs

2,5 ml/½ tsk salt

2,5 ml/½ tsk sukker

60 ml/4 spsk jordnøddeolie

225 g bønnespirer

3 forårsløg (spidskål), hakket

100 g spinat

12 æggerulleskaller

1 sammenpisket æg

fritureolie

Udblød svampene i varmt vand i 30 minutter og afdryp. Fjern stilkene og hak spidserne. Kom kyllingen i en skål. Bland majsmelet med 5ml/1 tsk sojasovs, salt og sukker og bland med kyllingen. Lad hvile i 15 minutter. Varm halvdelen af olien op og steg kyllingen til den er gyldenbrun. Blancher bønnespirerne i kogende vand i 3 minutter og afdryp. Varm den resterende olie op og svits skalotteløgene, indtil de er let brune. Rør svampe, bønnespirer, spinat og den resterende sojasovs i. Tilsæt kyllingen og svits i 2 minutter. Lad køle af. Læg lidt fyld i midten af hvert skind og pensl kanterne med det sammenpiskede æg. Fold siderne ind og rul rullerne sammen, forsegl kanterne med ægget. varme det op

Stegt kylling med æg

Til 4 portioner

30 ml / 2 spsk jordnøddeolie

Skær 4 kyllingebrystfileter i strimler

1 rød peberfrugt, skåret i strimler

1 grøn peberfrugt, skåret i strimler

45 ml / 3 spsk sojasovs

45 ml / 3 spsk risvin eller tør sherry

250 ml / 8 fl oz / 1 kop kyllingebouillon

100 g icebergsalat, hakket

5 ml / 1 tsk brun farin

30 ml / 2 spsk hoisinsauce

salt og peber

15 ml / 1 spsk majsmel (majsstivelse)

30 ml / 2 spsk vand

4 æg

30ml / 2 spsk sherry

Varm olien op og steg kylling og peberfrugt til de er gyldenbrune. Tilsæt sojasovs, vin eller sherry og bouillon, bring det i kog, læg låg på og lad det simre i 30 minutter. Tilsæt salat, sukker og hoisinsdressing og smag til med salt og peber. Bland majsmel og vand, rør i saucen og bring det i kog under omrøring. Pisk æggene med sherryen og steg som tynde omeletter. Drys med salt og peber og skær i strimler. Anret på et forvarmet fad og hæld over kyllingen.

fjernøstlig kylling

Til 4 portioner

60 ml/4 spsk jordnøddeolie

450 g kylling, skåret i stykker

2 fed hvidløg, knust

2,5 ml/½ tsk salt

2 løg, hakket

2 stykker hakket ingefærstang

45 ml / 3 spsk sojasovs

30 ml/2 spsk hoisinsauce

45 ml / 3 spsk risvin eller tør sherry

300 ml / ½ pt / 1¼ kopper hønsebouillon

5 ml/1 tsk friskkværnet peber

6 hårdkogte æg, hakket

15 ml / 1 spsk majsmel (majsstivelse)

15 ml / 1 spsk vand

Varm olien op og steg kyllingen til den er gyldenbrun. Tilsæt hvidløg, salt, løg og ingefær og svits i 2 minutter. Tilsæt sojasauce, hoisinsauce, vin eller sherry, bouillon og peber. Bring i kog, læg låg på og kog i 30 minutter. Tilsæt æggene.

Bland majsmel og vand og rør i saucen. Bring i kog og kog under omrøring, indtil saucen tykner.

Chicken Foo Young

Til 4 portioner

6 sammenpisket æg

45 ml / 3 spsk majsmel (majsstivelse)

100 g svampe, hakket groft

225 g kyllingebryst i tern

1 løg, finthakket

5 ml/1 tsk salt

45 ml / 3 spsk jordnøddeolie (jordnøddeolie).

Pisk æggene og derefter majsmel. Bland alle andre ingredienser undtagen olien. Varm olien op. Hæld blandingen gradvist i gryden for at danne pandekager ca. 3 cm i diameter. Bag til undersiden er brunet, vend og steg på den anden side.

Skinke og kylling Foo Yung

Til 4 portioner

6 sammenpisket æg

45 ml / 3 spsk majsmel (majsstivelse)

100 g skinke i tern

225 g kyllingebryst i tern

3 forårsløg (spidskål), finthakket

5 ml/1 tsk salt

45 ml / 3 spsk jordnøddeolie (jordnøddeolie).

Pisk æggene og derefter majsmel. Bland alle andre ingredienser undtagen olien. Varm olien op. Hæld blandingen gradvist i gryden for at danne pandekager ca. 3 cm i diameter. Bag til undersiden er brunet, vend og steg på den anden side.

Stegt kylling med ingefær

Til 4 portioner

1 kylling, halveret

4 ingefærrodsskiver, knust

30 ml / 2 spsk risvin eller tør sherry

30 ml / 2 spsk sojasovs

5 ml/1 tsk sukker

fritureolie

Læg kyllingen i en lav skål. Kombiner ingefær, vin eller sherry, sojasovs og sukker, hæld over kyllingen og gnid ind i huden. Lad marinere i 1 time. Varm olien op og svits kyllingen i halve ad gangen, indtil den er let brunet. Fjern olien og lad den køle lidt af, mens olien varmes op. Kom kyllingen tilbage i gryden og steg til den er brun og gennemstegt. Dræn godt af inden servering.

Kylling med ingefær

Til 4 portioner

225 g kylling i tynde skiver
1 æggehvide
knivspids salt
2,5 ml/½ tsk majsmel (majsstivelse)
15 ml / 1 spsk jordnøddeolie
10 skiver ingefærrod
6 svampe, halveret
1 gulerod, skåret i skiver
2 forårsløg (spidskål), skåret i skiver
5 ml/1 tsk risvin eller tør sherry
5 ml/1 tsk vand
2,5 ml/½ tsk sesamolie

Bland kyllingen med æggehviden, salt og majsmel. Varm halvdelen af olien op, og svits kyllingen, indtil den er let brunet, og tag den derefter af panden. Varm den resterende olie op og sauter ingefær, champignon, gulerødder og grønne løg i 3 minutter. Kom kyllingen tilbage i gryden med vin eller sherry og vand og kog indtil den er mør. Server drysset med sesamolie.

Ingefærkylling med champignon og kastanjer

Til 4 portioner

60 ml/4 spsk jordnøddeolie

225 g løg i skiver

450 g kylling i tern

100 g champignon i skiver

30 ml/2 spsk mel (all-purpose mel)

60 ml / 4 spsk sojasovs

10 ml / 2 tsk sukker

Salt og friskkværnet peber

900 ml / 1½ pt / 3¾ kopper varmt vand

2 skiver ingefærrod, hakket

450 g/1 pund vandkastanjer

Varm halvdelen af olien op og svits løgene i 3 minutter, og tag dem derefter af panden. Varm den resterende olie op og steg kyllingen heri, indtil den er let brunet.

Tilsæt svampene og kog i 2 minutter. Drys blandingen med mel, og tilsæt derefter sojasovsen, sukker, salt og peber. Hæld vandet og ingefær, løg og kastanjer i. Bring i kog, læg låg på og kog langsomt i 20 minutter. Tag låget af og lad det simre indtil saucen er reduceret.

Gylden kylling

Til 4 portioner

8 små stykker kylling

300 ml / ½ pt / 1 ¼ kopper hønsebouillon

45 ml / 3 spsk sojasovs

15 ml / 1 spsk risvin eller tør sherry

5 ml/1 tsk sukker

1 ingefærrod skåret i skiver, hakket

Kom alle ingredienser i en stor gryde, bring det i kog, læg låg på og kog indtil kyllingen er mør, cirka 30 minutter. Tag låget af og fortsæt med at koge indtil saucen er reduceret.

Marineret gylden kyllingegryderet

Til 4 portioner

4 stykker kylling

300 ml / ½ pt / 1¼ kopper sojasovs

fritureolie

4 forårsløg (spidskål), skåret i tykke skiver

1 skive ingefærrod, hakket

2 røde peberfrugter, skåret i skiver

3 stjerneanis søjler

50 g bambusskud, skåret i skiver

150 ml / 1½ point / dyppet ½ kop hønsebouillon

30 ml / 2 spsk majsmel (majsstivelse)

60 ml / 4 spsk vand

5 ml/1 tsk sesamolie

Skær kyllingen i store stykker og mariner i soyasaucen i 10 minutter. Fjern og afdryp, behold sojasovsen. Varm olien op og steg kyllingen, indtil den er gyldenbrun, cirka 2 minutter. Tag ud og dræn. Hæld alt undtagen 30 ml/2 spsk olie i, tilsæt derefter forårsløg, ingefær, peber og stjerneanis og sauter i 1 minut. Kom kyllingen tilbage i gryden med bambusskuddene og den reserverede sojasauce og tilsæt nok bouillon til at dække kyllingen. Bring i kog og kog indtil kyllingen er mør, cirka 10 minutter. Fjern kyllingen fra saucen med en hulske og læg den på en forvarmet tallerken. Si saucen og kom den tilbage i gryden. Bland majsmel og vand til en pasta

guldmønter

Til 4 portioner

4 kyllingebrystfileter

30 ml/2 spsk honning

30ml/2 spsk vineddike

30 ml/2 spsk tomatketchup (ketchup)

30 ml / 2 spsk sojasovs

knivspids salt

2 fed hvidløg, knust

5 ml/1 tsk fem krydderier pulver

45 ml/3 spsk mel (all-purpose mel)

2 sammenpisket æg

5 ml/1 tsk revet ingefær

5 ml / 1 tsk revet citronskal

100 g / 4 ounce / 1 kop tørre brødkrummer

fritureolie

Kom kyllingen i en skål. Bland honning, vineddike, ketchup, sojasovs, salt, hvidløg og fem krydderipulver sammen. Hæld over kyllingen, bland godt, dæk til og mariner i køleskabet i 12 timer.

Fjern kyllingen fra marinaden og skær den i tykke strimler. Støv med mel. Rør æg, ingefær og citronskal i. Rul kyllingen i blandingen og derefter i brødkrummerne, indtil den er godt dækket. Varm olien op og steg kyllingen til den er gyldenbrun.

Dampet kylling med skinke

Til 4 portioner

4 portioner kylling
100 g røget skinke, hakket
3 forårsløg (spidskål), hakket
15 ml / 1 spsk jordnøddeolie
Salt og friskkværnet peber
15 ml / 1 spsk fladbladet persille

Skær kyllingestykkerne i 5 cm/1 cm stykker og kom i en varmefast skål sammen med skinke og forårsløg. Dryp med olivenolie og smag til med salt og peber, og bland derefter ingredienserne forsigtigt. Stil skålen på en rist i dampkogeren, dæk til og kog i kogende vand, indtil kyllingen er mør, cirka 40 minutter. Server pyntet med persille.

Kylling med hoisinsauce

Til 4 portioner

4 stykker kylling, halveret

50 g / 2 oz / ½ kop majsmel (majsstivelse)

fritureolie

10 ml / 2 tsk revet ingefærrod

2 løg, hakket

225 g broccolibuketter

1 rød peberfrugt, hakket

225 gram svampe

250 ml / 8 fl oz / 1 kop kyllingebouillon

45 ml / 3 spsk risvin eller tør sherry

45 ml / 3 spsk æblecidereddike

45 ml/3 spsk hoisinsauce

20 ml/4 teskefulde sojasovs

Dyp kyllingestykkerne i halvdelen af majsmelen. Varm olien op og svits kyllingestykkerne, et ad gangen, til de er brune og gennemstegte, cirka 8 minutter. Tag af panden og afdryp på køkkenpapir. Fjern alt undtagen 30 ml/2 spsk olie fra panden og svits ingefæren i 1 minut. Tilsæt løget og svits i 1 minut. Tilsæt broccoli, peberfrugt og champignon og sauter i 2 minutter. Bland bouillonen med majsmel og de resterende ingredienser og kom i gryden. Bring i kog under omrøring og kog indtil saucen er klar. Kom kyllingen tilbage i wokken og kog under omrøring, indtil den er gennemvarmet, cirka 3 minutter.

honning kylling

Til 4 portioner

30 ml/2 spsk jordnøddeolie
4 stykker kylling
30 ml / 2 spsk sojasovs
120 ml / 4 fl oz / ½ kop risvin eller tør sherry
30 ml/2 spsk honning
5 ml/1 tsk salt
1 skalotteløg (forårsløg), hakket
1 skive ingefærrod, finthakket

Varm olien op og steg kyllingen gyldenbrun på alle sider. Hæld den overskydende olie af. Bland de øvrige ingredienser sammen og tilsæt til gryden. Bring i kog, dæk til og kog indtil kyllingen er mør, cirka 40 minutter.

Kung Pao kylling

Til 4 portioner

450 g/1 lb kylling i tern

1 æggehvide

5 ml/1 tsk salt

30 ml / 2 spsk majsmel (majsstivelse)

60 ml/4 spsk jordnøddeolie

25 g tørret rød peberfrugt, skrællet

5ml/1 tsk hakket hvidløg

15 ml / 1 spsk sojasovs

15 ml/1 spsk risvin eller tør sherry 5 ml/1 tsk sukker

5 ml/1 tsk vineddike

5 ml/1 tsk sesamolie

30 ml / 2 spsk vand

Læg kyllingen i en skål med æggehvider, salt og halvdelen af majsmelet og mariner i 30 minutter. Varm olien op og svits kyllingen, indtil den er let brunet. Tag den derefter op af gryden. Varm olien op og svits peberfrugt og hvidløg i 2 minutter. Kom kyllingen tilbage i gryden med sojasovsen, vin eller sherry, sukker, vineddike og sesamolie og sauter i 2 minutter. Kombiner det resterende majsmel med vandet, rør i gryden og kog under omrøring, indtil saucen lysner og tykner.

Kylling med porre

Til 4 portioner

30 ml/2 spsk jordnøddeolie

5 ml/1 tsk salt

225 g porrer, skåret i skiver

1 skive ingefærrod, hakket

225 g kylling i tynde skiver

15 ml / 1 spsk risvin eller tør sherry

15 ml / 1 spsk sojasovs

Varm halvdelen af olien op, svits salt og porrer, indtil de er let brune, og tag dem derefter af panden. Opvarm den resterende olie og svits ingefær og kylling, indtil de er let brunede. Tilsæt vin eller sherry og sojasauce og sauter yderligere 2 minutter, indtil kyllingen er mør. Kom porrerne tilbage i gryden og rør til de er gennemvarme. Server straks.

Kylling med citron

Til 4 portioner

4 udbenede kyllingebrystfileter

2 æg

50 g / 2 oz / ½ kop majsmel (majsstivelse)

50 g / 2 ounce / ½ kop almindeligt mel (all-purpose mel)

150 ml/¼ pt/ophobet ½ kop vand

Jordnøddeolie til stegning

250 ml / 8 fl oz / 1 kop kyllingebouillon

60 ml / 5 spsk citronsaft

30 ml / 2 spsk risvin eller tør sherry

30 ml / 2 spsk majsmel (majsstivelse)

30 ml / 2 spsk tomatpure (pasta)

1 hoved salat

Skær hvert kyllingebryst i 4 stykker. Pisk æg, majsmel og hvedemel sammen, og tilsæt lige nok vand til at danne en tyk dej. Tilsæt kyllingestykkerne til dejen og bland, indtil de er godt dækket. Varm olien op og steg kyllingen til den er gyldenbrun og gennemstegt.

Kombiner i mellemtiden bouillon, citronsaft, vin eller sherry, majsmel og tomatpuré og opvarm forsigtigt under omrøring, indtil blandingen begynder at boble. Lad det simre under konstant omrøring, indtil saucen tykner og bliver klar. Anret kyllingen på et lunt fad på en bund af salatblade og dryp med saucen eller server som tilbehør.

Citronstegt kylling

Til 4 portioner

450 g/1 lb udbenet kylling, skåret i skiver

30 ml / 2 spsk citronsaft

15 ml / 1 spsk sojasovs

15 ml / 1 spsk risvin eller tør sherry

30 ml / 2 spsk majsmel (majsstivelse)

30 ml/2 spsk jordnøddeolie

2,5 ml/½ tsk salt

2 fed hvidløg, knust

50 g vandkastanjer, skåret i strimler

50 g bambusskud, skåret i strimler

et par kinesiske blade, skåret i strimler

60 ml / 4 spsk hønsebouillon

15 ml / 1 spsk tomatpure (pasta)

15 ml / 1 spsk sukker

15 ml / 1 spsk citronsaft

Kom kyllingen i en skål. Kombiner citronsaft, sojasovs, vin eller sherry og 15 ml/1 spsk majsmel, hæld over kyllingen og mariner i 1 time, vend af og til.

Varm olie, salt og hvidløg op, indtil hvidløget er let brunet, tilsæt derefter kyllingen og marinaden og sauter indtil kyllingen er let brunet, cirka 5 minutter. Tilsæt vandkastanjer, bambusskud og kinesiske blade og sauter i yderligere 3 minutter, indtil kyllingen er mør. Tilsæt de resterende ingredienser og steg, indtil saucen er klar og tyk, cirka 3 minutter.

Kyllingelever med bambusskud

Til 4 portioner

225 g kyllingelever i tykke skiver
45 ml / 3 spsk risvin eller tør sherry
45 ml / 3 spsk jordnøddeolie (jordnøddeolie).
15 ml / 1 spsk sojasovs
100 g bambusskud, skåret i skiver
100 g vandkastanjer, skåret i skiver
60 ml / 4 spsk hønsebouillon
Salt og friskkværnet peber

Bland kyllingeleverne med vin eller sherry og lad det stå i 30 minutter. Varm olien op og svits kyllingeleverne til de er let brune. Tilsæt marinade, sojasovs, bambusskud, vandkastanjer og bouillon. Bring i kog og smag til med salt og peber. Dæk til og kog indtil de er møre, cirka 10 minutter.

Stegt kyllingelever

Til 4 portioner

450 g kyllingelever, halveret

50 g / 2 oz / ½ kop majsmel (majsstivelse)

fritureolie

Tør kyllingeleverne, drys med majsmel og bank det overskydende af. Varm olien op og svits kyllingeleverne et par minutter, indtil de er gyldenbrune og gennemstegte. Afdryp på køkkenpapir inden servering.

Kyllingelever med sneærter

Til 4 portioner

225 g kyllingelever i tykke skiver

10 ml / 2 tsk majsmel (majsstivelse)

10ml / 2 tsk risvin eller tør sherry

15 ml / 1 spsk sojasovs

45 ml / 3 spsk jordnøddeolie (jordnøddeolie).

2,5 ml/½ tsk salt

2 skiver ingefærrod, hakket

100 g sneærter (ærter)

10 ml / 2 tsk majsmel (majsstivelse)

60 ml / 4 spsk vand

Kom kyllingeleverne i en skål. Tilsæt majsmel, vin eller sherry og sojasovs og bland godt, indtil det er dækket. Varm halvdelen af olien op og steg salt og ingefær gyldenbrun. Tilsæt sneærter og sauter, indtil de er godt dækket med olie. Fjern dem derefter fra gryden. Varm den resterende olie op og steg kyllingeleverne i 5 minutter, indtil de er gennemstegte. Pisk majsmel og vand sammen, indtil der dannes en pasta, rør i gryden og kog under omrøring, indtil saucen er klar og tyknet.

Kom sneærterne tilbage i gryden og kog til de er gennemvarme.

Kyllingelever med dejpandekager

Til 4 portioner

30 ml/2 spsk jordnøddeolie

1 løg, skåret i skiver

450 g kyllingelever, halveret

2 stilke selleri, skåret i skiver

120 ml / 4 fl oz / ½ kop kyllingebouillon

15 ml / 1 spsk majsmel (majsstivelse)

15 ml / 1 spsk sojasovs

30 ml / 2 spsk vand

Makaroni pandekager

Varm olien op og svits løget, indtil det visner. Tilsæt kyllingeleverne og steg dem gyldenbrune. Tilsæt sellerien og svits i 1 minut. Tilsæt bouillon, bring det i kog, læg låg på og kog i 5 minutter. Kombiner majsmel, sojasovs og vand til en pasta, kom i stegepande og kog under omrøring, indtil saucen er klar og tyknet. Hæld blandingen over makaronipandekagerne og server.

Kyllingelever med østerssauce

Til 4 portioner

45 ml / 3 spsk jordnøddeolie (jordnøddeolie).

1 hakket løg

225 g kyllingelever, halveret

100 g champignon i skiver

30 ml / 2 spsk østerssauce

15 ml / 1 spsk sojasovs

15 ml / 1 spsk risvin eller tør sherry

120 ml / 4 fl oz / ½ kop kyllingebouillon

5 ml/1 tsk sukker

15 ml / 1 spsk majsmel (majsstivelse)

45 ml / 3 spsk vand

Varm halvdelen af olien op og steg løget til det er gyldenbrunt. Tilsæt kyllingeleverne og steg dem gyldenbrune. Tilsæt svampene og steg i 2 minutter. Kombiner østerssauce, sojasauce, vin eller sherry, bouillon og sukker, hæld i gryden og bring det i kog under omrøring. Bland majsmel og vand til en pasta, tilsæt gryden og kog under omrøring, indtil saucen er klar og tyk og leverne er møre.

Kyllingelever med ananas

Til 4 portioner

225 g kyllingelever, halveret

45 ml / 3 spsk jordnøddeolie (jordnøddeolie).

30 ml / 2 spsk sojasovs

15 ml / 1 spsk majsmel (majsstivelse)

15 ml / 1 spsk sukker

15 ml / 1 spsk vineddike

Salt og friskkværnet peber

100 g ananas stykker

60 ml / 4 spsk hønsebouillon

Blancher kyllingeleverne i kogende vand i 30 sekunder og afdryp. Varm olien op og steg kyllingeleverne i 30 sekunder. Kombiner sojasovs, majsmel, sukker, vineddike, salt og peber, hæld i gryden og rør godt, indtil kyllingelever er dækket. Tilsæt ananasstykkerne og bouillonen og sauter indtil leverne er møre, cirka 3 minutter.

Sød og sur kyllingelever

Til 4 portioner

30 ml/2 spsk jordnøddeolie

450 g kyllingelever i kvarte

2 grønne peberfrugter, skåret i stykker

4 dåse ananasskiver, skåret i stykker

60 ml / 4 spsk hønsebouillon

30 ml / 2 spsk majsmel (majsstivelse)

10 ml/2 tsk sojasovs

100 g / 4 ounce / ½ kop sukker

120 ml / 4 fl oz / ½ kop vineddike

120 ml / 4 fl oz / ½ kop vand

Varm olien op og svits leverne, indtil de er let brune. Læg dem derefter på en varm tallerken. Kom peberfrugterne på panden og steg i 3 minutter. Tilsæt ananas og bouillon, bring det i kog, læg låg på og kog i 15 minutter. Bland de resterende ingredienser til en pasta, rør i gryden og kog under omrøring, indtil saucen tykner. Hæld kyllingeleverne over og server.

Kylling med litchi

Til 4 portioner

3 kyllingebryst

60 ml / 4 spsk majsmel (majsstivelse)

45 ml / 3 spsk jordnøddeolie (jordnøddeolie).

5 forårsløg (forårsløg), skåret i skiver

1 rød peberfrugt, skåret i stykker

120 ml / 4 fl oz / ½ kop tomatsauce

120 ml / 4 fl oz / ½ kop kyllingebouillon

5 ml/1 tsk sukker

275 g skrællet litchi

Halver kyllingebryst, fjern knogler og skind og kassér. Skær hvert bryst i seks dele. Sæt 5 ml/1 tsk majsmel til side og smid kyllingen i resten, indtil den er godt dækket. Varm olien op og steg kyllingen, indtil den er gyldenbrun, cirka 8 minutter. Tilsæt purløg og peber og svits i 1 minut. Bland tomatsaucen, halvdelen af bouillonen og sukkeret og bland med litchierne i wokken. Bring i kog, dæk til og kog indtil kyllingen er mør, cirka 10 minutter. Rør det reserverede majsmel og bouillon i, og rør derefter i gryden. Kog under omrøring, indtil saucen er klar og tykner.

Kylling med litchisauce

Til 4 portioner

225 g / 8 ounce kylling

1 forårsløg (forårsløg)

4 vandkastanjer

30 ml / 2 spsk majsmel (majsstivelse)

45 ml / 3 spsk sojasovs

30 ml / 2 spsk risvin eller tør sherry

2 æggehvider

fritureolie

400 g dåse litchi i sirup

5 spsk hønsebouillon

Riv (mos) kyllingen med purløg og vandkastanjer. Rør halvdelen af majsstivelsen, 30 ml/2 spsk sojasovs, vinen eller sherryen og æggehviderne i. Form kugler på størrelse med valnød af blandingen. Varm olien op og steg kyllingen til den er gyldenbrun. Afdryp på køkkenpapir.

I mellemtiden opvarmer du forsigtigt litchisiruppen med bouillonen og den reserverede sojasovs. Bland det resterende majsmel med lidt vand, rør i gryden og kog under omrøring, indtil saucen bliver klar og tykner. Tilsæt litchi og bring det let i kog for at genopvarme. Anret kyllingen på en varm tallerken, hæld litchi og sauce over og server.

Kylling med sneærter

Til 4 portioner

225 g kylling i tynde skiver

5 ml / 1 tsk majsmel (majsstivelse)

5 ml/1 tsk risvin eller tør sherry

5 ml/1 tsk sesamolie

1 æggehvide, let pisket

45 ml / 3 spsk jordnøddeolie (jordnøddeolie).

1 fed hvidløg, knust

1 skive ingefærrod, hakket

100 g sneærter (ærter)

120 ml / 4 fl oz / ½ kop kyllingebouillon

Salt og friskkværnet peber

Vend kyllingen med majsmel, vin eller sherry, sesamolie og æggehvide. Varm halvdelen af olien op og svits hvidløg og ingefær, indtil de er let brune. Tilsæt kyllingen, steg den gyldenbrun og tag den af panden. Varm den resterende olie op og steg sukkerærterne i 2 minutter. Tilsæt bouillon, bring i kog, læg låg på og kog i 2 minutter. Kom kyllingen tilbage i gryden og krydr med salt og peber. Kog forsigtigt, indtil det er gennemvarmet.

Mango kylling

Til 4 portioner

100 g / 4 oz / 1 kop almindeligt mel (all-purpose mel)

250 ml / 8 fl oz / 1 kop vand

2,5 ml/½ tsk salt

knivspids bagepulver

3 kyllingebryst

fritureolie

1 skive ingefærrod, hakket

150 ml/¼ pt/dynger ½ kop hønsebouillon

45 ml/3 spsk vineddike

45 ml / 3 spsk risvin eller tør sherry

20 ml/4 teskefulde sojasovs

10 ml / 2 tsk sukker

10 ml / 2 tsk majsmel (majsstivelse)

5 ml/1 tsk sesamolie

5 forårsløg (forårsløg), skåret i skiver

400 g mango på dåse, afdryppet og skåret i strimler

Bland mel, vand, salt og gær. Lad hvile i 15 minutter. Fjern skind og ben fra kyllingen og kassér. Skær kyllingen i tynde strimler. Bland dette i melblandingen. Varm olien op og steg kyllingen, indtil den er gyldenbrun, cirka 5 minutter. Tag af panden og afdryp på køkkenpapir. Fjern alt undtagen 15 ml/1 spsk olie fra wokken og svits ingefær, indtil den er let brunet. Bland bouillonen med vin, vin eller sherryeddike, sojasovs, sukker, majsmel og sesamolie. Hæld i gryden og bring det i kog under omrøring. Tilsæt purløg og svits i 3 minutter. Tilsæt kylling og mango og kog under omrøring i 2 minutter.

Melon fyldt med kylling

Til 4 portioner

350 g kyllingekød

6 vandkastanjer

2 afskallede kammuslinger

4 skiver ingefærrod

5 ml/1 tsk salt

15 ml / 1 spsk sojasovs

600 ml / 1 pt / 2½ kopper hønsebouillon

8 små eller 4 mellemstore cantaloupemeloner

Hak kylling, kastanjer, kammuslinger og ingefær fint og smag til med salt, sojasovs og bouillon. Skær toppen af melonerne af og fjern kernerne. Passer til de øverste kanter. Fyld melonerne med kyllingeblandingen og læg dem på en dampet rist. Damp i kogende vand i 40 minutter, indtil kyllingen er færdig.

Braiseret kylling og svampe

Til 4 portioner

45 ml / 3 spsk jordnøddeolie (jordnøddeolie).

1 fed hvidløg, knust

1 skalotteløg (forårsløg), hakket

1 skive ingefærrod, hakket

225 g kyllingebryst, skåret i skiver

225 gram svampe

45 ml / 3 spsk sojasovs

15 ml / 1 spsk risvin eller tør sherry

5 ml / 1 tsk majsmel (majsstivelse)

Varm olien op og svits hvidløg, skalotteløg og ingefær let brunet. Tilsæt kyllingen og svits i 5 minutter. Tilsæt svampene og svits i 3 minutter. Tilsæt sojasovs, vin eller sherry og majsmel og steg, indtil kyllingen er mør, cirka 5 minutter.

Kylling med svampe og jordnødder

Til 4 portioner

30 ml/2 spsk jordnøddeolie

2 fed hvidløg, knust

1 skive ingefærrod, hakket

450 g udbenet kylling i tern

225 gram svampe

100 g bambusskud, skåret i strimler

1 grøn peberfrugt, skåret i tern

1 rød peberfrugt i tern

250 ml / 8 fl oz / 1 kop kyllingebouillon

30 ml / 2 spsk risvin eller tør sherry

15 ml / 1 spsk sojasovs

15 ml / 1 spsk Tabasco sauce

30 ml / 2 spsk majsmel (majsstivelse)

30 ml / 2 spsk vand

Varm olie, hvidløg og ingefær op, indtil hvidløget er let brunet. Tilsæt kyllingen og sauter indtil den er let brunet. Tilsæt svampe, bambusskud og peberfrugt og sauter i 3 minutter. Tilsæt bouillon, vin eller sherry, sojasauce og tabascosauce og bring det i kog under omrøring. Dæk til og kog indtil kyllingen er mør, cirka 10 minutter. Bland majsmel og vand sammen og rør det i saucen. Kog under omrøring, indtil saucen lysner og tykner. Hvis saucen er for tyk, tilsæt lidt mere bouillon eller vand.

Stegt kylling med svampe

Til 4 portioner

6 tørrede kinesiske svampe

1 kyllingebryst, skåret i tynde skiver

1 skive ingefærrod, hakket

2 forårsløg (spidskål), hakket

15 ml / 1 spsk majsmel (majsstivelse)

15 ml / 1 spsk risvin eller tør sherry

30 ml / 2 spsk vand

2,5 ml/½ tsk salt

45 ml / 3 spsk jordnøddeolie (jordnøddeolie).

225 g / 8 oz svampe, skåret i skiver

100 g bønnespirer

15 ml / 1 spsk sojasovs

5 ml/1 tsk sukker

120 ml / 4 fl oz / ½ kop kyllingebouillon

Udblød svampene i varmt vand i 30 minutter og afdryp. Fjern stilkene og skær spidserne af. Kom kyllingen i en skål. Kombiner ingefær, skalotteløg, majsmel, vin eller sherry, vand og salt, bland med kyllingen og stil til side i 1 time. Varm halvdelen af olien op, og svits kyllingen, indtil den er let brunet, og tag den derefter af panden. Varm den resterende olie op og svits de tørrede og friske svampe og bønnespirer i 3 minutter. Tilsæt sojasovs, sukker og bouillon, bring det i kog, dæk til og kog indtil grøntsagerne er møre, 4 minutter. Kom kyllingen tilbage i gryden, bland godt og varm forsigtigt op inden servering.

Dampet kylling med svampe

Til 4 portioner

4 stykker kylling

30 ml / 2 spsk majsmel (majsstivelse)

30 ml / 2 spsk sojasovs

3 forårsløg (spidskål), hakket

2 skiver ingefærrod, hakket

2,5 ml/½ tsk salt

100 g champignon i skiver

Skær kyllingestykkerne i 5 cm/2 cm stykker og læg dem i en varmefast skål. Bland majsmel og sojasovs til en pasta, tilsæt spidskål, ingefær og salt og bland det godt sammen med kyllingen. Bland forsigtigt svampene i. Stil skålen på en rist i dampkogeren, dæk til og kog i kogende vand, indtil kyllingen er mør, cirka 35 minutter.

kylling med løg

Til 4 portioner

60 ml/4 spsk jordnøddeolie

2 løg, hakket

450 g/1 lb kylling, skåret i skiver

30 ml / 2 spsk risvin eller tør sherry

250 ml / 8 fl oz / 1 kop kyllingebouillon

45 ml / 3 spsk sojasovs

30 ml / 2 spsk majsmel (majsstivelse)

45 ml / 3 spsk vand

Varm olien op og svits løget, indtil det er let brunet. Tilsæt kyllingen og sauter indtil den er let brunet. Tilsæt vin eller sherry, bouillon og sojasovs, bring det i kog, læg låg på og kog indtil kyllingen er mør, 25 minutter. Pisk majsmel og vand sammen, indtil der dannes en pasta, rør i gryden og kog under omrøring, indtil saucen er klar og tyknet.

Kylling med appelsin og citron

Til 4 portioner

350 g kylling, skåret i strimler

30 ml/2 spsk jordnøddeolie

2 fed hvidløg, knust

2 skiver ingefærrod, hakket

revet skal af ½ appelsin

revet skal af en halv citron

45 ml / 3 spsk appelsinjuice

45 ml / 3 spsk citronsaft

15 ml / 1 spsk sojasovs

3 forårsløg (spidskål), hakket

15 ml / 1 spsk majsmel (majsstivelse)

45 ml / 1 spsk vand

Blancher kyllingen i kogende vand i 30 sekunder og afdryp den. Varm olien op og svits hvidløg og ingefær i 30 sekunder. Tilsæt appelsin- og citronskal og -saft, sojasauce og grønne løg og svits i 2 minutter. Tilsæt kyllingen og kog i et par minutter, indtil kyllingen er mør. Bland majsmel og vand til en pasta, rør i gryden og kog under omrøring, indtil saucen tykner.

Kylling med østerssauce

Til 4 portioner

30 ml/2 spsk jordnøddeolie

1 fed hvidløg, knust

1 skive ingefær, finthakket

450 g/1 lb kylling, skåret i skiver

250 ml / 8 fl oz / 1 kop kyllingebouillon

30 ml / 2 spsk østerssauce

15 ml / 1 spsk risvin eller sherry

5 ml/1 tsk sukker

Varm olivenolien op med hvidløg og ingefær og svits den let brunet. Tilsæt kyllingen og sauter indtil den er let brunet, cirka 3 minutter. Tilsæt bouillon, østerssauce, vin eller sherry og sukker, bring det i kog under omrøring, dæk derefter til og kog under omrøring af og til, indtil kyllingen er mør, cirka 15 minutter. Tag låget af og fortsæt med at koge under omrøring, indtil saucen er tyknet og tyknet, cirka 4 minutter.

portioner kylling

Til 4 portioner

225 g / 8 ounce kylling

30 ml / 2 spsk risvin eller tør sherry

30 ml / 2 spsk sojasovs

pergamentpapir eller pergamentpapir

30 ml/2 spsk jordnøddeolie

fritureolie

Skær kyllingen i 5 cm tern. Kombiner vin eller sherry og sojasovs, hæld over kyllingen og bland godt. Dæk til og lad sidde i 1 time under omrøring af og til. Skær papiret i 10 cm firkanter og pensl dem med olie. Dræn kyllingen godt. Læg et stykke papir på din arbejdsflade med det ene hjørne mod dig. Læg et stykke kylling i firkanten lige under midten, fold i nederste hjørne, og fold igen for at omslutte kyllingen. Fold siderne ind og fold derefter i det øverste hjørne for at sikre pakken. Varm olien op og svits kyllingestykkerne til de er møre, cirka 5 minutter. Serveres varm i indpakninger, som gæsterne kan åbne.

jordnøddekylling

Til 4 portioner

225 g kylling i tynde skiver

1 æggehvide, let pisket

10 ml / 2 tsk majsmel (majsstivelse)

45 ml / 3 spsk jordnøddeolie (jordnøddeolie).

1 fed hvidløg, knust

1 skive ingefærrod, hakket

2 porrer, hakket

30 ml / 2 spsk sojasovs

15 ml / 1 spsk risvin eller tør sherry

100 g ristede peanuts

Bland kyllingen med æggehvider og majsmel til det er godt dækket. Varm halvdelen af olien op, steg kyllingen til den er gyldenbrun og tag den af panden. Varm den resterende olie op og svits hvidløg og ingefær, indtil de er bløde. Tilsæt porrerne og svits dem let brune. Rør sojasovs og vin eller sherry i og kog i 3 minutter. Kom kyllingen tilbage i gryden med peanuts og lad det simre, indtil den er gennemvarm.

Peanut Butter Kylling

Til 4 portioner

4 kyllingebryst i tern

Salt og friskkværnet peber

5 ml/1 tsk fem krydderier pulver

45 ml / 3 spsk jordnøddeolie (jordnøddeolie).

1 løg, i tern

2 gulerødder i tern

1 stang selleri i tern

300 ml / ½ pt / 1¼ kopper hønsebouillon

10 ml / 2 tsk tomatpuré (pasta)

100 g jordnøddesmør

15 ml / 1 spsk sojasovs

10 ml / 2 tsk majsmel (majsstivelse)

Knip brun farin

15 ml / 1 spsk hakket purløg

Krydr kyllingen med salt, peber og fem krydderier. Varm olien op og steg kyllingen mør. Tag op af gryden. Tilsæt grøntsagerne og steg til de er bløde, men stadig sprøde. Bland bouillonen med de resterende ingredienser undtagen purløg, rør i gryden og bring det i kog. Kom kyllingen tilbage i gryden og varm igennem under omrøring. Server drysset med sukker.

Kylling med grønne ærter

Til 4 portioner

60 ml/4 spsk jordnøddeolie

1 hakket løg

450 g/1 lb kylling i tern

Salt og friskkværnet peber

100 gram ærter

2 stænger selleri, hakket

100 g champignon, hakket

250 ml / 8 fl oz / 1 kop kyllingebouillon

15 ml / 1 spsk majsmel (majsstivelse)

15 ml / 1 spsk sojasovs

60 ml / 4 spsk vand

Varm olien op og svits løget, indtil det er let brunet. Tilsæt kyllingen og steg til den er gyldenbrun. Smag til med salt og peber, tilsæt ærter, selleri og svampe og bland godt. Tilsæt bouillon, bring i kog, læg låg på og kog i 15 minutter. Kombiner majsmel, sojasovs og vand til en pasta, kom i stegepande og kog under omrøring, indtil saucen er klar og tyknet.

Peking kylling

Til 4 portioner

4 portioner kylling

Salt og friskkværnet peber

5 ml/1 tsk sukker

1 skalotteløg (forårsløg), hakket

1 skive ingefærrod, hakket

15 ml / 1 spsk sojasovs

15 ml / 1 spsk risvin eller tør sherry

15 ml / 1 spsk majsmel (majsstivelse)

fritureolie

Læg kyllingestykkerne i en lav skål og drys med salt og peber. Kombiner sukker, purløg, ingefær, sojasovs og vin eller sherry, gnid over kyllingen, læg låg på og mariner i 3 timer. Dræn kyllingen og drys med majsmel. Varm olien op og steg kyllingen til den er gyldenbrun og gennemstegt. Dræn godt af inden servering.

peber kylling

Til 4 portioner

60 ml / 4 spsk sojasovs

45 ml / 3 spsk risvin eller tør sherry

45 ml / 3 spsk majsmel (majsstivelse)

450 g / 1 pund kylling, hakket (kværnet)

60 ml / 4 spsk jordnøddeolie

2,5 ml / ½ tsk salt

2 fed hvidløg, knust

2 røde peberfrugter i tern

1 grøn peberfrugt, skåret i tern

5 ml / 1 tsk sukker

300 ml / ½ pt / 1 ¼ kopper hønsebouillon

Rør halvdelen af sojasovsen, halvdelen af vinen eller sherryen og halvdelen af majsmelet i. Hæld over kyllingen, bland godt og mariner i mindst 1 time. Varm halvdelen af olivenolien op med salt og hvidløg, indtil hvidløget er let brunet. Tilsæt kylling og marinade og sauter indtil kyllingen bliver hvid, cirka 4 minutter, og tag den ud af panden. Tilsæt den resterende olie på panden og svits peberfrugterne i 2 minutter. Tilsæt sukkeret i gryden med den resterende sojasovs, vin eller sherry og majsmel og bland godt. Tilsæt bouillon, bring det i kog og kog under omrøring, indtil saucen tykner. Kom kyllingen tilbage i gryden, læg låg på og kog indtil kyllingen er mør, 4 minutter.

Kylling stegt med peber

Til 4 portioner

1 kyllingebryst, skåret i tynde skiver

2 skiver ingefærrod, hakket

2 forårsløg (spidskål), hakket

15 ml / 1 spsk majsmel (majsstivelse)

30 ml / 2 spsk risvin eller tør sherry

30 ml / 2 spsk vand

2,5 ml/½ tsk salt

45 ml / 3 spsk jordnøddeolie (jordnøddeolie).

100 g vandkastanjer, skåret i skiver

1 rød peberfrugt, skåret i strimler

1 grøn peberfrugt, skåret i strimler

1 gul peberfrugt, skåret i strimler

30 ml / 2 spsk sojasovs

120 ml / 4 fl oz / ½ kop kyllingebouillon

Kom kyllingen i en skål. Kombiner ingefær, skalotteløg, majsmel, vin eller sherry, vand og salt, bland med kyllingen og stil til side i 1 time. Varm halvdelen af olien op, og svits kyllingen, indtil den er let brunet, og tag den derefter af panden. Varm den resterende olie op og svits vandkastanjerne og peberfrugterne i 2 minutter. Tilsæt sojasauce og bouillon, bring det i kog, dæk til og kog indtil grøntsagerne er møre, 5 minutter. Kom kyllingen tilbage i gryden, bland godt og varm forsigtigt op inden servering.

kylling og ananas

Til 4 portioner

30 ml/2 spsk jordnøddeolie

5 ml/1 tsk salt

2 fed hvidløg, knust

450 g/1 lb udbenet kylling, skåret i tynde skiver

2 løg, skåret i skiver

100 g vandkastanjer, skåret i skiver

100 g ananas stykker

30 ml / 2 spsk risvin eller tør sherry

450 ml / ¾ pt / 2 kopper hønsebouillon

5 ml/1 tsk sukker

friskkværnet peber

30 ml / 2 spsk ananasjuice

30 ml / 2 spsk sojasovs

30 ml / 2 spsk majsmel (majsstivelse)

Varm olie, salt og hvidløg op, indtil hvidløget er let brunet. Tilsæt kyllingen og svits i 2 minutter. Tilsæt løg, vandkastanjer og ananas og svits i 2 minutter. Tilsæt vin eller sherry, bouillon og sukker og smag til med peber. Bring i kog, læg låg på og kog i 5 minutter. Bland ananasjuice, sojasovs og majsmel sammen. Tilføj til gryden og kog under omrøring, indtil saucen tykner og er klar.

Kylling med ananas og litchi

Til 4 portioner

30 ml/2 spsk jordnøddeolie

225 g kylling i tynde skiver

1 skive ingefærrod, hakket

15 ml / 1 spsk sojasovs

15 ml / 1 spsk risvin eller tør sherry

200 g dåse ananasstykker

200 g litchi på dåse i sirup

15 ml / 1 spsk majsmel (majsstivelse)

Varm olien op og svits kyllingen, indtil den er let brunet. Tilsæt sojasovs og vin eller sherry og bland godt. Mål 8 fl oz / 250 ml / 1 kop ananas litchi blanding, reserver 30 ml / 2 spsk. Kom resten i gryden, bring det i kog og kog et par minutter til kyllingen er mør. Tilsæt ananasstykkerne og litchien.
Kombiner majsmelet med den reserverede sirup, rør i gryden og kog under omrøring, indtil saucen er klar og tykner.

Kylling med svinekød

Til 4 portioner

1 kyllingebryst, skåret i tynde skiver

100 g magert svinekød, skåret i tynde skiver

60 ml / 4 spsk sojasovs

15 ml / 1 spsk majsmel (majsstivelse)

1 æggehvide

45 ml / 3 spsk jordnøddeolie (jordnøddeolie).

3 ingefærrodsskiver, hakket

50 g bambusskud, skåret i skiver

225 g / 8 oz svampe, skåret i skiver

225 g kinesiske blade, hakket

120 ml / 4 fl oz / ½ kop kyllingebouillon

30 ml / 2 spsk vand

Bland kylling og svinekød. Kombiner sojasauce, 5 ml/1 tsk majsmel og æggehvide og bland med kylling og svinekød. Lad hvile i 30 minutter. Opvarm halvdelen af olien og svits kyllingen og svinekødet, indtil det er let brunet, og tag det derefter af panden. Opvarm den resterende olie og svits ingefær, bambusskud, svampe og kinesiske blade, indtil de er godt dækket af olie. Tilsæt bouillon og bring det i kog. Kom kyllingeblandingen tilbage i gryden, læg låg på og steg til kødet er mørt, cirka 3 minutter. Bland det resterende majsmel med vandet til en pasta, bland med saucen og kog under omrøring, indtil saucen tykner. Server straks.

Stegt kylling med kartofler

Til 4 portioner

4 stykker kylling

45 ml / 3 spsk jordnøddeolie (jordnøddeolie).

1 løg, skåret i skiver

1 fed hvidløg, knust

2 skiver ingefærrod, hakket

450 ml / ¾ pt / 2 kopper vand

45 ml / 3 spsk sojasovs

15 ml / 1 spsk brun farin

2 kartofler i tern

Skær kyllingen i 5 cm/2 cm stykker. Varm olien op og svits løg, hvidløg og ingefær let brunet. Tilsæt kyllingen og sauter indtil den er let brunet. Tilsæt vand og sojasovs og bring det i kog. Tilsæt sukker, læg låg på og kog i cirka 30 minutter. Tilsæt kartoflerne i gryden, læg låg på og kog i yderligere 10 minutter, indtil kyllingen er mør og kartoflerne er gennemstegte.

Fem krydderier kylling med kartofler

Til 4 portioner

45 ml / 3 spsk jordnøddeolie (jordnøddeolie).

450 g kylling, skåret i stykker

Salt

45 ml / 3 spsk gul bønnepasta

45 ml / 3 spsk sojasovs

5 ml/1 tsk sukker

5 ml/1 tsk fem krydderier pulver

1 kartoffel i tern

450 ml / ¾ pt / 2 kopper hønsebouillon

Varm olien op og svits kyllingen, indtil den er let brunet. Drys med salt, tilsæt derefter bønnepasta, sojasauce, sukker og pulver med fem krydderier og steg i 1 minut. Tilsæt kartoflerne og bland godt, tilsæt derefter bouillon, bring i kog, læg låg på og kog indtil de er møre, ca. 30 minutter.

Rød kogt kylling

Til 4 portioner

450 g / 1 lb kylling, skåret i skiver

120 ml / 4 fl oz / ½ kop sojasovs

15 ml / 1 spsk sukker

2 skiver ingefærrod, finthakket

90 ml / 6 spsk hønsebouillon

30 ml / 2 spsk risvin eller tør sherry

4 forårsløg (spidskål), skåret i skiver

Kom alle ingredienser i en gryde og bring det i kog. Dæk til og kog indtil kyllingen er mør, cirka 15 minutter. Tag låget af og fortsæt med at simre under omrøring af og til, indtil saucen tykner, cirka 5 minutter. Server drysset med purløg.

kyllingefrikadeller

Til 4 portioner

225 g / 8 oz kylling, hakket (kværnet)

3 vandkastanjer, hakket

1 skalotteløg (forårsløg), hakket

1 skive ingefærrod, hakket

2 æggehvider

5 ml / 2 tsk salt

5 ml/1 tsk friskkværnet peber

120 ml / 4 fl oz / ½ kop jordnøddeolie

5ml/1 tsk hakket skinke

Rør kylling, kastanjer, halvdelen af skalotteløgene, ingefær, æggehvider, salt og peber i. Form til kugler og mos godt. Varm olien op og steg frikadellerne til de er gyldenbrune, vend dem én gang. Server drysset med det resterende purløg og skinke.

Salt kylling

Til 4 portioner

30 ml/2 spsk jordnøddeolie

4 stykker kylling

3 forårsløg (spidskål), hakket

2 fed hvidløg, knust

1 skive ingefærrod, hakket

120 ml / 4 fl oz / ½ kop sojasovs

30 ml / 2 spsk risvin eller tør sherry

30 ml / 2 spsk brun farin

5 ml/1 tsk salt

375 ml / 13 fl oz / 1½ kopper vand

15 ml / 1 spsk majsmel (majsstivelse)

Varm olien op og steg kyllingestykkerne til de er gyldenbrune. Tilsæt skalotteløg, hvidløg og ingefær og svits i 2 minutter. Tilsæt sojasovs, vin eller sherry, sukker og salt og bland godt. Tilsæt vandet og bring det i kog, læg låg på og kog i 40 minutter. Bland majsstivelsen med lidt vand, tilsæt saucen og kog under omrøring, indtil saucen bliver lysere og tykkere.

Kylling i sesamolie

Til 4 portioner

90 ml / 6 spsk jordnøddeolie

60 ml/4 spsk sesamolie

5 skiver ingefærrod

4 stykker kylling

600ml / 1pt / 2½ kopper risvin eller tør sherry

5 ml/1 tsk sukker

Salt og friskkværnet peber

Varm olien op og svits ingefær og kylling, indtil de er let brunede. Tilsæt vin eller sherry og smag til med sukker, salt og peber. Bring det i kog og lad det simre uden låg, indtil kyllingen er mør og saucen er reduceret. Server i skåle.

Sherry kylling

Til 4 portioner

30 ml/2 spsk jordnøddeolie

4 stykker kylling

120 ml / 4 fl oz / ½ kop sojasovs

500 ml / 17 fl oz / 2 ¼ kopper risvin eller tør sherry

30 ml / 2 spsk sukker

5 ml/1 tsk salt

2 fed hvidløg, knust

1 skive ingefærrod, hakket

Varm olien op og steg kyllingen gyldenbrun på alle sider. Hæld den overskydende olie fra og tilsæt alle de øvrige ingredienser. Bring det i kog, læg låg på og lad det simre i 25 minutter. Reducer varmen og kog yderligere 15 minutter, indtil kyllingen er mør og saucen reduceret.

Kylling med sojasovs

Til 4 portioner

350 g / 12 oz kylling, i tern

2 forårsløg (spidskål), hakket

3 ingefærrodsskiver, hakket

15 ml / 1 spsk majsmel (majsstivelse)

30 ml / 2 spsk risvin eller tør sherry

30 ml / 2 spsk vand

45 ml / 3 spsk jordnøddeolie (jordnøddeolie).

60 ml / 4 spsk tyk sojasovs

5 ml/1 tsk sukker

Kombiner kylling, skalotteløg, ingefær, majsmel, vin eller sherry og vand og lad det sidde i 30 minutter under omrøring af og til. Varm olien op og svits kyllingen, indtil den er let brunet, cirka 3 minutter. Tilsæt sojasauce og sukker og sauter indtil kyllingen er gennemstegt og mør, cirka 1 minut.

Krydret stegt kylling

Til 4 portioner

150 ml/¼ pt/dynger ½ kop sojasovs

2 fed hvidløg, knust

50 g / 2 ounce / ¼ kop brun farin

1 løg, finthakket

30 ml / 2 spsk tomatpure (pasta)

1 citronskive, hakket

1 skive ingefærrod, hakket

45 ml / 3 spsk risvin eller tør sherry

4 store stykker kylling

Bland alle ingredienser undtagen kylling. Læg kyllingen i et ovnfast fad, hæld blandingen over, læg låg på og mariner natten over, smør af og til. Steg kyllingen i en forvarmet ovn ved 180°C/350°F/Gasmærke 4 i 40 minutter, vend og smør lejlighedsvis. Fjern låget, øg ovntemperaturen til 200°C/400°F/gasmærke 6 og fortsæt tilberedningen i yderligere 15 minutter, indtil kyllingen er færdig.

Kylling med spinat

Til 4 portioner

100 g kylling, hakket

15 ml / 1 spsk baconfedt, hakket

175 ml / 6 fl oz / 3/4 kop kyllingebouillon

3 let piskede æggehvider

Salt

5 ml/1 tsk vand

450 g spinat, finthakket

5 ml / 1 tsk majsmel (majsstivelse)

45 ml / 3 spsk jordnøddeolie (jordnøddeolie).

Kombiner kylling, baconfedt, 150mL/¼ pt/dyngeret ½ kop kyllingebouillon, æggehvide, 5mL/1 tsk salt og vand. Bland spinaten med den resterende bouillon, en knivspids salt og majsmel med lidt vand. Varm halvdelen af olien op, tilsæt spinatblandingen i gryden og rør ved svag varme, indtil rygende varm, under konstant omrøring. Læg den på en varm tallerken og hold den varm. Varm den resterende olie op og steg portioner af kyllingeblandingen, indtil den er fast og hvid. Læg spinaten over og server med det samme.

kyllingeforårsruller

Til 4 portioner

15 ml / 1 spsk jordnøddeolie

knivspids salt

1 fed hvidløg, knust

225 g kylling, skåret i strimler

100 g champignon i skiver

175 g kål, hakket

100 g bambusskud, hakket

50 g vandkastanjer, hakket

100 g bønnespirer

5 ml/1 tsk sukker

5 ml/1 tsk risvin eller tør sherry

5 ml/1 tsk sojasovs

8 forårsrulleskind

fritureolie

Varm olie, salt og hvidløg op og svits let indtil hvidløg begynder at brune. Tilsæt kylling og svampe og svits i et par minutter, indtil kyllingen bliver hvid. Tilsæt kål, bambusskud, vandkastanjer og bønnespirer og steg i 3 minutter. Tilsæt sukker, vin eller sherry og sojasovs, bland godt, læg låg på og sauter de sidste 2 minutter. Læg det i et dørslag og lad det dryppe af.

Læg et par spiseskefulde af fyldblandingen i midten af hver forårsrulleskal, fold bunden og siderne sammen og rul sammen, så fyldet er omsluttet. Luk kanten med lidt mel- og vandblanding og lad den tørre i 30 minutter. Varm olien op og steg forårsrullerne sprøde og gyldenbrune, cirka 10 minutter. Dræn godt af inden servering.

Krydret flæskesteg

Til 4 portioner

450 g svinekød i tern

salt og peber

30 ml / 2 spsk sojasovs

30 ml/2 spsk hoisinsauce

45 ml / 3 spsk jordnøddeolie (jordnøddeolie).

120 ml / 4 fl oz / ½ kop risvin eller tør sherry

300 ml / ½ pt / 1 ¼ kopper hønsebouillon

5 ml/1 tsk fem krydderier pulver

6 forårsløg (spidskål), hakket

225 g østerssvampe i skiver

15 ml / 1 spsk majsmel (majsstivelse)

Krydr kødet med salt og peber. Læg på en tallerken og tilsæt sojasauce og hoisinsauce. Dæk til og lad marinere i 1 time. Varm olien op og steg kødet gyldenbrunt. Tilsæt vin eller sherry, bouillon og fem krydderipulver, bring det i kog, læg låg på og kog i 1 time. Tilsæt skalotteløg og champignon, tag låget af og kog i yderligere 4 minutter. Bland majsstivelsen med lidt vand, sæt tilbage på komfuret og kog under omrøring i 3 minutter, indtil saucen tykner.

dampede svineboller

12 år siden

30 ml/2 spsk hoisinsauce

15 ml / 1 spsk østerssauce

15 ml / 1 spsk sojasovs

2,5 ml/½ tsk sesamolie

30 ml/2 spsk jordnøddeolie

10 ml / 2 tsk revet ingefærrod

1 fed hvidløg, knust

300 ml / ½ pt / 1¼ kopper vand

15 ml / 1 spsk majsmel (majsstivelse)

225 g kogt svinekød, finthakket

4 forårsløg (spidskål), finthakket

350 g / 12 oz / 3 kopper almindeligt mel (all-purpose mel)

15 ml / 1 spsk natron

2,5 ml/½ tsk salt

50 g / 2 oz / ½ kop spæk

5 ml/1 tsk vineddike

12 x 13 cm / 5 firkanter bagepapir

Rør hoisin, østers og sojasauce og sesamolie i. Varm olien op og svits ingefær og hvidløg til de er let brune. Tilsæt sauceblandingen og steg i 2 minutter. Kombiner 120ml/4 fl oz/½ kop vand med majsmel og rør i gryden. Bring det i kog under omrøring, og kog derefter indtil blandingen tykner. Tilsæt svinekød og løg og lad afkøle.

Bland mel, bagepulver og salt. Gnid spækket i, indtil du får en blanding, der minder om fine rasp. Bland vineddiken og det resterende vand og bland derefter med melet til en fast dej. Ælt let på en meldrysset arbejdsflade, dæk til og lad hvile i 20 minutter.

Tag dejen, del den i 12 dele og form hver til en kugle. Rul cirkler ud med en diameter på 15 cm/6 cm på en meldrysset overflade. Læg en klat fyld i midten af hver cirkel, pensl kanterne med vand og klem kanterne sammen for at forsegle fyldet. Pensl den ene side af hver bagepapirsfirkant med olie. Læg hvert brød på en firkant af papir med sømsiden nedad. Læg sandwichene i et enkelt lag på en damprist over kogende vand. Dæk bollerne til og damp dem, indtil de er gennemstegte, cirka 20 minutter.

Svinekød med kål

Til 4 portioner

6 tørrede kinesiske svampe

30 ml/2 spsk jordnøddeolie

450 g svinekød, skåret i strimler

2 løg, skåret i skiver

2 røde peberfrugter, skåret i strimler

350 g hvidkål, hakket

2 fed hvidløg, hakket

2 stykker hakket ingefærstang

30 ml/2 spsk honning

45 ml / 3 spsk sojasovs

120 ml / 4 fl oz / ½ kop tør hvidvin

salt og peber

10 ml / 2 tsk majsmel (majsstivelse)

15 ml / 1 spsk vand

Udblød svampene i varmt vand i 30 minutter og afdryp. Fjern stilkene og skær spidserne af. Varm olien op og svits svinekødet, indtil det er let brunet. Tilsæt grøntsagerne, hvidløg og ingefær og svits i 1 minut. Tilsæt honning, sojasovs og vin, bring det i kog, læg låg på og kog i 40 minutter eller indtil kødet er mørt. Smag til med salt og peber. Kombiner majsmel og vand og rør i gryden. Bring kortvarigt i kog, under konstant omrøring, og kog derefter i 1 minut.

Svinekød med kål og tomater

Til 4 portioner

30 ml / 2 spsk jordnøddeolie

450 g / 1 lb magert svinekød, skåret i skiver

Salt og friskkværnet peber

1 fed hvidløg, knust

1 løg, finthakket

½ kål, hakket

450 g flåede og kvarte tomater

250 ml / 8 fl oz / 1 kop bouillon

30 ml / 2 spsk majsmel (majsstivelse)

15 ml / 1 spsk sojasovs

60 ml / 4 spsk vand

Varm olien op og svits svinekødet med salt, peber, hvidløg og løg til det er brunt. Tilsæt kål, tomater og bouillon, bring det i kog og kog tildækket i 10 minutter, indtil kålen er mør. Kombiner majsmel, sojasovs og vand til en pasta, kom i stegepande og kog under omrøring, indtil saucen er klar og tyknet.

Marineret svinekød med kål

Til 4 portioner

350 g flæskesvær

2 forårsløg (spidskål), hakket

1 skive ingefærrod, hakket

1 kanelstang

3 stjerneanis søjler

45 ml / 3 spsk brun farin

600ml / 1pt / 2½ kopper vand

15 ml / 1 spsk jordnøddeolie

15 ml / 1 spsk sojasovs

5 ml/1 tsk tomatpuré (pasta)

5 ml/1 tsk østerssauce

100 g / 4 oz pak choi hjerter

100 g pak choi

Skær svinekødet i 10 cm/4 cm stykker og kom det i en skål. Tilsæt purløg, ingefær, kanel, stjerneanis, sukker og vand og lad det trække i 40 minutter. Varm olien op, fjern svinekødet fra marinaden og kom det på panden. Steg til de er gyldenbrune, og tilsæt derefter sojasauce, tomatpuré og østerssauce. Bring det i kog og kog indtil svinekødet er mørt og væsken reduceret, cirka 30 minutter. Tilsæt lidt vand under tilberedningen, hvis det er nødvendigt.

Svits imens kålhjerterne og pak choi i kogende vand i cirka 10 minutter, indtil de er møre. Anret på en varm tallerken, læg svinekødet ovenpå og dryp med saucen.

Svinekød med selleri

Til 4 portioner

45 ml / 3 spsk jordnøddeolie (jordnøddeolie).

1 fed hvidløg, knust

1 skalotteløg (forårsløg), hakket

1 skive ingefærrod, hakket

225 g magert svinekød, skåret i strimler

100 g selleri i tynde skiver

45 ml / 3 spsk sojasovs

15 ml / 1 spsk risvin eller tør sherry

5 ml / 1 tsk majsmel (majsstivelse)

Varm olien op og svits hvidløg, skalotteløg og ingefær let brunet. Tilsæt svinekødet og svits i 10 minutter, indtil det er brunt. Tilsæt selleri og svits i 3 minutter. Tilsæt de øvrige ingredienser og svits i 3 minutter.

Svinekød med kastanjer og svampe

Til 4 portioner

4 tørrede kinesiske svampe

100 g / 4 oz / 1 kop kastanjer

30 ml/2 spsk jordnøddeolie

2,5 ml/½ tsk salt

450 g magert svinekød i tern

15 ml / 1 spsk sojasovs

375 ml / 13 fl oz / 1½ kop kyllingebouillon

100 g vandkastanjer, skåret i skiver

Udblød svampene i varmt vand i 30 minutter og afdryp. Fjern stilkene og skær spidserne i halve. Blancher kastanjerne i kogende vand i 1 minut og afdryp. Varm olie og salt op, og svits svinekødet, indtil det er let brunet. Tilsæt sojasauce og sauter i 1 minut. Tilsæt bouillon og bring det i kog. Tilsæt kastanjer og vandkastanjer, bring det i kog igen og kog tildækket i ca. 1,5 time, til kødet er mørt.

svinekotelet

Til 4 portioner

100 g bambusskud, skåret i strimler

100 g vandkastanjer i tynde skiver

60 ml/4 spsk jordnøddeolie

3 forårsløg (spidskål), hakket

2 fed hvidløg, knust

1 skive ingefærrod, hakket

225 g magert svinekød, skåret i strimler

45 ml / 3 spsk sojasovs

15 ml / 1 spsk risvin eller tør sherry

5 ml/1 tsk salt

5 ml/1 tsk sukker

friskkværnet peber

15 ml / 1 spsk majsmel (majsstivelse)

Blancher bambusskud og vandkastanjer i kogende vand i 2 minutter, dræn derefter og dup dem tørre. Opvarm 45 ml/3 spsk olie og svits skalotteløg, hvidløg og ingefær, indtil de er let brune. Tilsæt svinekødet og svits i 4 minutter. Tag op af gryden.

Varm den resterende olie op og steg grøntsagerne i 3 minutter. Tilsæt svinekød, sojasovs, vin eller sherry, salt, sukker og en knivspids peber og sauter i 4 minutter. Bland majsstivelsen med lidt vand, hæld i gryden og kog under omrøring, indtil saucen bliver klar og tykner.

Svinekød yakisoba

Til 4 portioner

4 tørrede kinesiske svampe

30 ml/2 spsk jordnøddeolie

2,5 ml/½ tsk salt

4 forårsløg (spidskål), hakket

225 g magert svinekød, skåret i strimler

15 ml / 1 spsk sojasovs

5 ml/1 tsk sukker

3 stænger selleri, hakket

1 løg, skåret i tern

100 g champignon, halveret

120 ml / 4 fl oz / ½ kop kyllingebouillon

blødstegte nudler

Udblød svampene i varmt vand i 30 minutter og afdryp. Fjern stilkene og skær spidserne af. Varm olie og salt op og svits løgene til de er bløde. Tilsæt svinekødet og sauter, indtil det er let brunet. Kombiner sojasovsen, sukker, selleri, løg og friske og tørrede svampe og sauter indtil godt blandet, cirka 4 minutter. Tilsæt bouillon og kog i 3 minutter. Kom halvdelen af pastaen i gryden og rør forsigtigt. Tilsæt derefter den resterende pasta og rør, indtil den er gennemvarmet.

Fried Pork Chow Mein

Til 4 portioner

100 g bønnespirer

45 ml / 3 spsk jordnøddeolie (jordnøddeolie).

100 g kinakål, hakket

225 g flæskesteg, skåret i skiver

5 ml/1 tsk salt

15 ml / 1 spsk risvin eller tør sherry

Blancher bønnespirerne i kogende vand i 4 minutter og afdryp. Varm olien op og svits bønnespirerne og kålen møre. Tilsæt svinekød, salt og sherry og steg til det er gennemvarmt. Tilsæt halvdelen af den afdryppede pasta i gryden og rør forsigtigt, indtil den er gennemvarme. Tilsæt den resterende pasta og rør, indtil den er gennemvarmet.

Svinekød med chutney

Til 4 portioner

5 ml/1 tsk fem krydderier pulver

5ml/1 tsk karrypulver

450 g svinekød, skåret i strimler

30 ml/2 spsk jordnøddeolie

6 forårsløg (forårsløg), skåret i strimler

1 stang selleri, skåret i strimler

100 g bønnespirer

1 200 g dåse kinesiske søde agurker i tern

45 ml/3 spsk mango chutney

30 ml / 2 spsk sojasovs

30 ml / 2 spsk tomatpure (pasta)

150 ml/¼ pt/dynger ½ kop hønsebouillon

10 ml / 2 tsk majsmel (majsstivelse)

Gnid krydderierne godt ind i svinekødet. Varm olien op og svits kødet i 8 minutter eller indtil det er gennemstegt. Tag op af gryden. Kom grøntsagerne i gryden og svits i 5 minutter. Kom svinekødet tilbage i gryden med alle de resterende ingredienser undtagen majsmel. Rør til det er gennemvarmet. Bland majsmel med lidt vand, rør i gryden og kog under omrøring, indtil saucen tykner.

Svinekød med agurk

Til 4 portioner

225 g magert svinekød, skåret i strimler
30 ml/2 spsk mel (all-purpose mel)
Salt og friskkværnet peber
60 ml/4 spsk jordnøddeolie
225 g agurk, skrællet og skåret i skiver
30 ml / 2 spsk sojasovs

Smør svinekødet med mel og krydr med salt og peber. Varm olien op og svits svinekødet mørt, cirka 5 minutter. Tilsæt agurk og sojasauce og sauter i yderligere 4 minutter. Tjek og juster krydderierne og server med stegte ris.

Sprøde svinekødswraps

Til 4 portioner

4 tørrede kinesiske svampe

30 ml/2 spsk jordnøddeolie

225 g svinefilet, hakket (kværnet)

50 g pillede rejer, hakket

15 ml / 1 spsk sojasovs

15 ml / 1 spsk majsmel (majsstivelse)

30 ml / 2 spsk vand

8 pakker forårsruller

100 g / 4 oz / 1 kop majsmel (majsstivelse)

fritureolie

Udblød svampene i varmt vand i 30 minutter og afdryp. Fjern stilkene og hak hætterne fint. Varm olien op og svits svampe, svinekød, rejer og sojasauce i 2 minutter. Bland majsmel og vand til en pasta og rør i blandingen som fyld.

Skær bladene i strimler, kom lidt fyld på spidsen af hvert blad og form trekanter, som du forsegler med lidt mel- og vandblanding. Drys rigeligt med majsmel. Varm olien op og steg trekanterne til de er sprøde og gyldenbrune. Dræn godt af inden servering.

Svineboller med æg

Til 4 portioner

225 g magert svinekød, hakket

1 skive ingefærrod, hakket

1 purløg, hakket

15 ml / 1 spsk sojasovs

15 ml / 1 spsk vand

12 æggerulleskaller

1 sammenpisket æg

fritureolie

Bland svinekød, ingefær, løg, sojasovs og vand sammen. Læg lidt fyld i midten af hvert skind og pensl kanterne med det sammenpiskede æg. Fold siderne ind, rul væk fra dig og forsegl kanterne med ægget. Damp på en rist i dampkogeren i 30 minutter, indtil svinekødet er færdigt. Varm olien op og steg i et par minutter, indtil den er sprød og gyldenbrun.

Svinekød og rejerruller

Til 4 portioner

30 ml/2 spsk jordnøddeolie

225 g magert svinekød, hakket

6 forårsløg (spidskål), hakket

225 g bønnespirer

100 g pillede rejer, hakket

15 ml / 1 spsk sojasovs

2,5 ml/½ tsk salt

12 æggerulleskaller

1 sammenpisket æg

fritureolie

Varm olien op og svits svinekød og spidskål til det er let brunet. I mellemtiden blancheres bønnespirerne i kogende vand i 2 minutter og dryppes af. Kom bønnespirerne i gryden og sauter i 1 minut. Tilsæt rejer, sojasovs og salt og sauter i 2 minutter. Lad køle af.

Læg lidt fyld i midten af hvert skind og pensl kanterne med det sammenpiskede æg. Fold siderne ind og rul rullerne sammen, forsegl kanterne med ægget. Varm olien op og steg bollerne sprøde og gyldenbrune.

Braiseret svinekød med æg

Til 4 portioner

450 g/1 lb magert svinekød
30 ml/2 spsk jordnøddeolie
1 hakket løg
90 ml / 6 spsk sojasovs
45 ml / 3 spsk risvin eller tør sherry
15 ml / 1 spsk brun farin
3 hårdkogte æg (hårdkogte)

Bring en gryde med vand i kog, tilsæt svinekødet, bring det i kog igen og lad det simre, indtil det er tæt. Tag af panden, dræn godt af og skær i tern. Varm olien op og svits løget, indtil det visner. Tilsæt svinekødet og sauter, indtil det er let brunet. Tilsæt sojasovs, vin eller sherry og sukker, læg låg på og kog i 30 minutter under omrøring af og til. Lav små snit på ydersiden af æggene og læg dem i gryden, dæk til og kog i yderligere 30 minutter.

brandsvin

Til 4 portioner

450 g svinefilet, skåret i strimler

30 ml / 2 spsk sojasovs

30 ml/2 spsk hoisinsauce

5 ml/1 tsk fem krydderier pulver

15 ml / 1 spsk peber

15 ml / 1 spsk brun farin

15 ml / 1 spsk sesamolie

30 ml/2 spsk jordnøddeolie

6 forårsløg (spidskål), hakket

1 grøn peberfrugt, skåret i stykker

200 gram bønnespirer

2 ananasskiver i tern

45 ml/3 spsk tomatketchup (ketchup)

150 ml/¼ pt/dynger ½ kop hønsebouillon

Kom kødet i en skål. Bland sojasauce, hoisinsauce, femkrydderipulver, peber og sukker, hæld over kødet og mariner i 1 time. Varm olien op og steg kødet gyldenbrunt. Tag op af gryden. Tilsæt grøntsagerne og steg i 2 minutter. Tilsæt ananas, ketchup og bouillon og bring det i kog. Kom kødet tilbage i gryden og varm det op igen inden servering.

Stegt svinemørbrad

Til 4 portioner

350 g svinefilet i tern

15 ml / 1 spsk risvin eller tør sherry

15 ml / 1 spsk sojasovs

5 ml/1 tsk sesamolie

30 ml / 2 spsk majsmel (majsstivelse)

fritureolie

Bland svinekød, vin eller sherry, sojasovs, sesamolie og majsmel sammen, så svinekødet er dækket af en tyk dej. Varm olien op og steg svinekødet heri i cirka 3 minutter, indtil det er sprødt. Tag svinekødet op af panden, varm olien op og sauter igen i cirka 3 minutter.

Svinekød med fem krydderier

Til 4 portioner

225 g magert svinekød

5 ml / 1 tsk majsmel (majsstivelse)

2,5 ml/½ teskefuld fem krydderipulver

2,5 ml/½ tsk salt

15 ml / 1 spsk risvin eller tør sherry

20 ml/2 spsk jordnøddeolie

120 ml / 4 fl oz / ½ kop kyllingebouillon

Skær svinekødet i tynde skiver mod kornet. Kast svinekødet med majsmel, pulver med fem krydderier, salt og vin eller sherry og bland godt, så det dækker svinekødet. Lad hvile i 30 minutter under omrøring af og til. Varm olien op, tilsæt svinekødet og steg i cirka 3 minutter. Tilsæt bouillon, bring det i kog, læg låg på og kog i 3 minutter. Server straks.

Duftende flæskesteg

Til 6-8 personer

1 stykke mandarinskal

45 ml / 3 spsk jordnøddeolie (jordnøddeolie).

900 g magert svinekød i tern

250 ml / 8 fl oz / 1 kop risvin eller tør sherry

120 ml / 4 fl oz / ½ kop sojasovs

2,5 ml/½ tsk anispulver

½ kanelstang

4 nelliker

5 ml/1 tsk salt

250 ml / 8 fl oz / 1 kop vand

2 forårsløg (spidskål), skåret i skiver

1 skive ingefærrod, hakket

Læg mandarinskallen i blød i vand, mens retten tilberedes. Varm olien op og svits svinekødet, indtil det er let brunet. Tilsæt vin eller sherry, sojasovs, anispulver, kanel, nelliker, salt og vand. Bring det i kog, tilsæt mandarinskræl, purløg og ingefær. Dæk til og kog indtil de er møre, cirka 1 1/2 time. Rør af og til og tilsæt evt lidt kogende vand. Fjern krydderierne inden servering.

Svinekød med hakket hvidløg

Til 4 portioner

450 g svinemave, skind

3 skiver ingefærrod

2 forårsløg (spidskål), hakket

30 ml/2 spsk hakket hvidløg

30 ml / 2 spsk sojasovs

5 ml/1 tsk salt

15 ml / 1 spsk hønsebouillon

2,5 ml/½ tsk chiliolie

4 kviste koriander

Kom svinekødet i en gryde med ingefær og forårsløg, dæk med vand, bring det i kog og kog i 30 minutter. Fjern og dræn godt, og skær derefter i tynde skiver på ca. 5 cm². Arranger skiverne i et metaldørslag. Bring en gryde med vand i kog, tilsæt flæskeskiverne og kog til de er gennemvarme, 3 minutter. Anret på en forvarmet serveringsplade. Bland hvidløg, sojasovs, salt, bouillon og chiliolie sammen og hæld over svinekødet. Server pyntet med koriander.

Stegt flæsk med ingefær

Til 4 portioner

225 g magert svinekød

5 ml / 1 tsk majsmel (majsstivelse)

30 ml / 2 spsk sojasovs

30 ml/2 spsk jordnøddeolie

1 skive ingefærrod, hakket

1 skalotteløg (forårsløg), skåret i skiver

45 ml / 3 spsk vand

5 ml / 1 tsk brun farin

Skær svinekødet i tynde skiver mod kornet. Rør majsmelet i, drys derefter med sojasovs og rør igen. Varm olien op og svits svinekødet i 2 minutter, indtil det er mørt. Tilsæt ingefær og forårsløg og svits i 1 minut. Tilsæt vand og sukker, dæk til og kog indtil kogt, cirka 5 minutter.

Svinekød med grønne bønner

Til 4 portioner

450 g grønne bønner, skåret i stykker

30 ml/2 spsk jordnøddeolie

2,5 ml/½ tsk salt

1 skive ingefærrod, hakket

225 g / 8 oz magert svinekød, hakket (kværnet)

120 ml / 4 fl oz / ½ kop kyllingebouillon

75 ml / 5 spsk vand

2 æg

15 ml / 1 spsk majsmel (majsstivelse)

Kog bønnerne i cirka 2 minutter og afdryp. Varm olien op og svits salt og ingefær i et par sekunder. Tilsæt svinekødet og sauter, indtil det er let brunet. Tilsæt bønnerne og sauter i 30 sekunder, pensl med olien. Tilsæt bouillon, bring i kog, læg låg på og kog i 2 minutter. Pisk 30 ml/2 spsk vand sammen med æggene og bland i gryden. Bland det resterende vand med majsmel. Når æggene stivner, røres majsstivelsen i og koges, indtil blandingen tykner. Server straks.

Svinekød med skinke og tofu

Til 4 portioner

4 tørrede kinesiske svampe

5 ml/1 tsk jordnøddeolie

100 g røget skinke, skåret i skiver

225 g tofu, skåret i skiver

225 g magert svinekød, skåret i skiver

15 ml / 1 spsk risvin eller tør sherry

Salt og friskkværnet peber

1 skive ingefærrod, hakket

1 skalotteløg (forårsløg), hakket

10 ml / 2 tsk majsmel (majsstivelse)

30 ml / 2 spsk vand

Udblød svampene i varmt vand i 30 minutter og afdryp. Fjern stilkene og skær spidserne i halve. Gnid en varmefast skål med jordnøddeolien. Anret svampe, skinke, tofu og svinekød i lag på tallerkenen og læg svinekødet ovenpå. Drys med vin eller sherry, salt og peber, ingefær og purløg. Dæk til og damp på en rist over kogende vand, indtil det er gennemstegt, cirka 45 minutter. Dræn saucen fra skålen uden at røre ved ingredienserne. Tilsæt nok vand til at lave 250 ml / 8 fl oz / 1 kop. Bland majsmel og vand og rør i saucen. Kom i en skål og kog under omrøring, indtil saucen er let og tyk. Hæld svinekødsblandingen på et forvarmet fad.

stegte svinespyd

Til 4 portioner

450 g svinemørbrad, skåret i tynde skiver

100 g kogt skinke, skåret i tynde skiver

6 vandkastanjer, skåret i tynde skiver

30 ml / 2 spsk sojasovs

30ml/2 spsk vineddike

15 ml / 1 spsk brun farin

15 ml / 1 spsk østerssauce

et par dråber chiliolie

45 ml / 3 spsk majsmel (majsstivelse)

30 ml / 2 spsk risvin eller tør sherry

2 sammenpisket æg

fritureolie

Skær skiftevis svinekød, skinke og vandkastanjer på små spyd. Bland sojasovsen, vineddike, sukker, østerssauce og chiliolie sammen. Træk på spyd, dæk til og mariner i køleskabet i 3 timer. Pisk majsmel, vin eller sherry og æg sammen til det er glat og tykt. Vævn spyddene i dejen, så de dækker dem. Varm olien op og steg spyddene til de er gyldenbrune.

Stegt svinekød i rød sauce

Til 4 portioner

1 stor svinekno

1 L / 1½ pts / 4¼ kopper kogende vand

5 ml/1 tsk salt

120 ml / 4 fl oz / ½ kop vineddike

120 ml / 4 fl oz / ½ kop sojasovs

45 ml / 3 spsk honning

5 ml / 1 tsk enebær

5 ml/1 tsk anisfrø

5 ml/1 tsk koriander

60 ml/4 spsk jordnøddeolie

6 forårsløg (spidskål), skåret i skiver

2 gulerødder, skåret i tynde skiver

1 stilk selleri, skåret i skiver

45 ml/3 spsk hoisinsauce

30 ml/2 spsk mango chutney

75 ml/5 spsk tomatpuré (pasta)

1 fed hvidløg, knust

60 ml / 4 spsk hakket purløg

Kog svineknoen med vand, salt, vineddike, 45ml/3 spsk sojasovs, honning og krydderier. Tilsæt grøntsagerne, bring det i kog og kog tildækket i ca 1 1/2 time til kødet er mørt. Fjern kødet og grøntsagerne fra panden, fjern kødet fra benet og hak. Varm olien op og steg kødet gyldenbrunt. Tilsæt grøntsagerne og svits i 5 minutter. Tilsæt resterende sojasauce, hoisinsauce, chutney, tomatpuré og hvidløg. Bring det i kog under omrøring og kog i 3 minutter. Server drysset med purløg.

marineret svinekød

Til 4 portioner

450 g/1 lb magert svinekød

1 skive ingefærrod, hakket

1 fed hvidløg, knust

90 ml / 6 spsk sojasovs

15 ml / 1 spsk risvin eller tør sherry

45 ml / 3 spsk jordnøddeolie (jordnøddeolie).

1 skalotteløg (forårsløg), skåret i skiver

15 ml / 1 spsk brun farin

friskkværnet peber

Bland svinekødet med ingefær, hvidløg, 30 ml/2 spsk sojasovs og vin eller sherry. Lad stå i 30 minutter, rør af og til, og fjern derefter oksekødet fra marinaden. Varm olien op og svits svinekødet, indtil det er let brunet. Tilsæt purløg, sukker, den resterende sojasovs og en knivspids peber og kog tildækket, indtil svinekødet er mørt, cirka 45 minutter. Skær svinekødet i tern og server.

Marinerede svinekoteletter

Til 6 portioner

6 svinekoteletter
1 skive ingefærrod, hakket
1 fed hvidløg, knust
90 ml / 6 spsk sojasovs
30 ml / 2 spsk risvin eller tør sherry
45 ml / 3 spsk jordnøddeolie (jordnøddeolie).
2 forårsløg (spidskål), hakket
15 ml / 1 spsk brun farin
friskkværnet peber

Fjern knoglerne fra svinekoletterne og skær kødet i tern. Bland ingefær, hvidløg, 30 ml/2 spsk sojasovs og vin eller sherry sammen, hæld over svinekødet og mariner i 30 minutter, mens der røres af og til. Fjern kødet fra marinaden. Varm olien op og svits svinekødet, indtil det er let brunet. Tilsæt purløg og svits i 1 minut. Bland den resterende sojasovs med sukkeret og en knivspids peber. Vend med saucen, bring det i kog, dæk til og kog indtil svinekødet er mørt, cirka 30 minutter.

Svinekød med svampe

Til 4 portioner

25 g tørrede kinesiske svampe
30 ml/2 spsk jordnøddeolie
1 fed hvidløg, hakket
225 g magert svinekød, skåret i skiver
4 forårsløg (spidskål), hakket
15 ml / 1 spsk sojasovs
15 ml / 1 spsk risvin eller tør sherry
5 ml/1 tsk sesamolie

Udblød svampene i varmt vand i 30 minutter og afdryp. Fjern stilkene og skær spidserne af. Varm olien op og svits hvidløget, indtil det er let brunet. Tilsæt svinekødet og steg til det er brunt. Tilsæt skalotteløg, champignon, sojasovs og vin eller sherry og sauter i 3 minutter. Rør sesamolie i og server med det samme.

dampet frikadelle

Til 4 portioner

450 g hakket svinekød (kværnet)

4 vandkastanjer, fint hakkede

225 g svampe, finthakkede

5 ml/1 tsk sojasovs

Salt og friskkværnet peber

1 æg, let pisket

Bland alle ingredienserne godt sammen og form blandingen til en flad kage i et ildfast fad. Stil fadet på en rist i en dampkoger, dæk til og damp i 1 1/2 time.

Rød gris med svampe

Til 4 portioner

450 g magert svinekød i tern

250 ml / 8 fl oz / 1 kop vand

15 ml / 1 spsk sojasovs

15 ml / 1 spsk risvin eller tør sherry

5 ml/1 tsk sukker

5 ml/1 tsk salt

225 gram svampe

Kom svinekød og vand i en gryde og bring vandet i kog. Dæk til og kog i 30 minutter, dræn derefter og reserver bouillonen. Kom svinekødet tilbage i gryden og tilsæt soyasovsen. Kog ved lav varme under omrøring, indtil sojasovsen er absorberet. Bland vin eller sherry, sukker og salt sammen. Hæld den reserverede bouillon i, bring det i kog og kog tildækket i cirka 30 minutter, vend kødet af og til. Tilsæt svampene og kog i yderligere 20 minutter.

Svinekødspandekager med nudler

Til 4 portioner

30 ml/2 spsk jordnøddeolie

5 ml / 2 tsk salt

225 g magert svinekød, skåret i strimler

225 g bok choy, strimlet

100 g bambusskud, hakket

100 g svampe, skåret i tynde skiver

150 ml/¼ pt/dynger ½ kop hønsebouillon

10 ml / 2 tsk majsmel (majsstivelse)

15 ml / 1 spsk risvin eller tør sherry

15 ml / 1 spsk vand

Makaroni pandekager

Varm olien op og svits salt og svinekød, indtil det er let brunet. Tilsæt kål, bambusskud og svampe og rør rundt i 1 minut. Tilsæt bouillon, bring det i kog, læg låg på og kog i 4 minutter, eller indtil svinekødet er mørt. Kombiner majsmel med vin eller sherry og vand til en pasta, rør i gryden og kog under omrøring, indtil saucen er klar og tyknet. Hæld pandekagedejen over til servering.

Svinekød og rejer med nudelpandekager

Til 4 portioner

30 ml/2 spsk jordnøddeolie

5 ml/1 tsk salt

4 forårsløg (spidskål), hakket

1 fed hvidløg, knust

225 g magert svinekød, skåret i strimler

100 g champignon i skiver

4 stilke selleri, skåret i skiver

225 g pillede rejer

30 ml / 2 spsk sojasovs

10 ml / 1 tsk majsmel (majsstivelse)

45 ml / 3 spsk vand

Makaroni pandekager

Varm olie og salt op og svits løg og hvidløg til de er gyldenbrune. Tilsæt svinekødet og sauter, indtil det er let brunet. Tilsæt svampe og selleri og svits i 2 minutter. Tilsæt rejerne, dryp med sojasovsen og rør til de er gennemvarme. Pisk majsmel og vand sammen, indtil der dannes en pasta, rør i gryden og kog under omrøring, indtil det er varmt. Hæld pandekagedejen over til servering.

Svinekød med østerssauce

Til 4-6 personer

450 g/1 lb magert svinekød

15 ml / 1 spsk majsmel (majsstivelse)

10ml / 2 tsk risvin eller tør sherry

En knivspids sukker

45 ml / 3 spsk jordnøddeolie (jordnøddeolie).

10 ml / 2 teskefulde vand

30 ml / 2 spsk østerssauce

friskkværnet peber

1 skive ingefærrod, hakket

60 ml / 4 spsk hønsebouillon

Skær svinekødet i tynde skiver mod kornet. Bland 5 ml/1 tsk majsmel med vin eller sherry, sukker og 5 ml/1 tsk olie, tilsæt til svinekød og bland godt, indtil det er dækket. Bland det resterende majsmel med vand, østerssauce og en knivspids peber. Varm den resterende olie op og svits ingefæren i 1 minut. Tilsæt svinekødet og sauter, indtil det er let brunet. Tilsæt bouillon, vand og østerssauce, bring det i kog, læg låg på og kog i 3 minutter.

Svinekød med jordnødder

Til 4 portioner

450 g magert svinekød i tern

15 ml / 1 spsk majsmel (majsstivelse)

5 ml/1 tsk salt

1 æggehvide

3 forårsløg (spidskål), hakket

1 fed hvidløg, hakket

1 skive ingefærrod, hakket

45 ml / 3 spsk hønsebouillon

15 ml / 1 spsk risvin eller tør sherry

15 ml / 1 spsk sojasovs

10ml / 2 tsk sort sirup

45 ml / 3 spsk jordnøddeolie (jordnøddeolie).

½ agurk i tern

25 g / 1 oz / ¼ kop afskallede jordnødder

5 ml/1 tsk chiliolie

Kombiner svinekødet med halvdelen af majsmel, salt og æggehvide og bland godt, så det dækker svinekødet. Bland det resterende majsmel med skalotteløg, hvidløg, ingefær, bouillon, vin eller sherry, sojasovs og melasse. Varm olien op og svits svinekødet, indtil det er let brunet, og tag det derefter af panden. Kom agurken i gryden og svits i et par minutter. Kom svinekødet tilbage i gryden og rør forsigtigt. Tilsæt krydderiblandingen, bring det i kog og kog under omrøring, indtil saucen er let og tyk. Rør peanuts og chiliolie i og varm op igen inden servering.

Svinekød med peberfrugt

Til 4 portioner

45 ml / 3 spsk jordnøddeolie (jordnøddeolie).

225 g magert svinekød i tern

1 løg, i tern

2 grønne peberfrugter, hakket

Skær ½ hoved kinesiske blade i tern

1 skive ingefærrod, hakket

15 ml / 1 spsk sojasovs

15 ml / 1 spsk sukker

2,5 ml/½ tsk salt

Varm olien op og steg svinekødet i cirka 4 minutter, indtil det er gyldenbrunt. Tilsæt løget og svits i cirka 1 minut. Tilsæt peberfrugt og sauter i 1 minut. Tilsæt de kinesiske blade og steg i 1 minut. Bland de resterende ingredienser, kom i gryden og steg i yderligere 2 minutter.

Krydret svinekød med pickles

Til 4 portioner

Svinekoteletter 900g / 2lbs

30 ml / 2 spsk majsmel (majsstivelse)

45 ml / 3 spsk sojasovs

30 ml / 2 spsk sød sherry

5 ml/1 tsk revet ingefærrod

2,5 ml/½ teskefuld fem krydderipulver

Knip friskkværnet peber

fritureolie

60 ml / 4 spsk hønsebouillon

Kinesiske syltede grøntsager

Skær ribbenene, fjern alt fedt og knogler. Bland majsmel, 30 ml/2 spsk sojasovs, sherry, ingefær, fem krydderier og peber sammen. Hæld over svinekødet og rør, indtil det er helt dækket. Dæk til og mariner i 2 timer, vend af og til. Varm olien op og svits svinekødet, indtil det er brunt og gennemstegt. Afdryp på køkkenpapir. Skær svinekødet i tykke skiver, læg det på en forvarmet tallerken og hold det varmt. Kom bouillonen og den resterende sojasovs i en lille gryde. Bring i kog og hæld over svineskiverne. Server pyntet med blandede pickles.

Svinekød med blommesauce

Til 4 portioner
450 g braiseret svinekød i tern
2 fed hvidløg, knust
Salt
60 ml/4 spsk tomatketchup (ketchup)
30 ml / 2 spsk sojasovs
45 ml / 3 spsk blommesauce
5ml/1 tsk karrypulver
5 ml/1 tsk paprika
2,5 ml/½ tsk friskkværnet peber

45 ml / 3 spsk jordnøddeolie (jordnøddeolie).

6 forårsløg (forårsløg), skåret i strimler

4 gulerødder, skåret i strimler

Mariner kødet i hvidløg, salt, ketchup, sojasauce, blommesauce, karry, paprika og peber i 30 minutter. Varm olien op og svits kødet til det er let brunet. Fjern fra wokken. Kom grøntsagerne i olien og svits indtil de er bløde. Kom oksekødet tilbage i gryden og varm forsigtigt op inden servering.

Svinekød med rejer

Til 6-8 personer

900 g / 2 pund magert svinekød

30 ml/2 spsk jordnøddeolie

1 løg, skåret i skiver

1 skalotteløg (forårsløg), hakket

2 fed hvidløg, knust

30 ml / 2 spsk sojasovs

50 g pillede rejer, hakket

(gulvbelægning)

600ml / 1pt / 2½ kopper kogende vand

15 ml / 1 spsk sukker

Bring en gryde med vand i kog, tilsæt svinekød, læg låg på og kog i 10 minutter. Tag af panden, dræn godt af og skær i tern. Varm olien op og svits løg, purløg og hvidløg til det er let brunet. Tilsæt svinekødet og sauter, indtil det er let brunet. Tilsæt sojasovs og rejer og sauter i 1 minut. Tilsæt kogende vand og sukker, læg låg på og kog indtil svinekødet er mørt, cirka 40 minutter.

rød gris

Til 4 portioner

675 g / 1½ lb magert svinekød, i tern

250 ml / 8 fl oz / 1 kop vand

1 skive ingefærrod, hakket

60 ml / 4 spsk sojasovs

15 ml / 1 spsk risvin eller tør sherry

5 ml/1 tsk salt

10 ml / 2 tsk brun farin

Kom svinekød og vand i en gryde og bring vandet i kog. Tilsæt ingefær, sojasovs, sherry og salt, læg låg på og lad det simre i 45 minutter. Tilsæt sukkeret, vend kødet, læg låg på og kog yderligere 45 minutter, indtil svinekødet er mørt.

Svinekød i rød sauce

Til 4 portioner

30 ml/2 spsk jordnøddeolie

225 g svinenyrer, skåret i strimler

450 g svinekød, skåret i strimler

1 løg, skåret i skiver

4 forårsløg (forårsløg), skåret i strimler

2 gulerødder, skåret i strimler

1 stang selleri, skåret i strimler

1 rød peberfrugt, skåret i strimler

45 ml / 3 spsk sojasovs

45 ml/3 spsk tør hvidvin

300 ml / ½ pt / 1¼ kopper hønsebouillon

30 ml / 2 spsk blommesauce

30ml/2 spsk vineddike

5 ml/1 tsk fem krydderier pulver

5 ml / 1 tsk brun farin

15 ml / 1 spsk majsmel (majsstivelse)

15 ml / 1 spsk vand

Varm olien op og steg nyrerne i 2 minutter, og tag dem derefter af panden. Varm olien op og steg svinekødet til det er gyldenbrunt. Tilsæt grøntsagerne og sauter i 3 minutter. Tilsæt sojasovs, vin, bouillon, blommesauce, vineddike, pulver med fem krydderier og sukker, bring det i kog, læg låg på og kog indtil det er mørt, 30 minutter. Tilsæt nyrerne. Kombiner majsmel og vand og rør i gryden. Bring i kog og kog under omrøring, indtil saucen tykner.

Svinekød med risnudler

Til 4 portioner

4 tørrede kinesiske svampe

100 g risnudler

225 g magert svinekød, skåret i strimler

15 ml / 1 spsk majsmel (majsstivelse)

15 ml / 1 spsk sojasovs

15 ml / 1 spsk risvin eller tør sherry

45 ml / 3 spsk jordnøddeolie (jordnøddeolie).

2,5 ml/½ tsk salt

1 skive ingefærrod, hakket

2 stænger selleri, hakket

120 ml / 4 fl oz / ½ kop kyllingebouillon

2 forårsløg (spidskål), skåret i skiver

Udblød svampene i varmt vand i 30 minutter og afdryp. Kassér stilkene og skær spidserne af. Læg nudlerne i blød i varmt vand i 30 minutter, afdryp og skær dem i 5 cm stykker. Kom svinekødet i en skål. Pisk majsmel, sojasovs og vin eller sherry sammen, hæld over svinekødet og rør rundt. Varm olien op og svits salt og ingefær i et par sekunder. Tilsæt svinekødet og sauter, indtil det er let brunet. Tilsæt svampe og selleri og sauter i 1 minut. Tilsæt bouillon, bring i kog, læg låg på og kog i 2 minutter. Tilsæt pasta og varm i 2 minutter. Rør purløg i og server med det samme.

Rige svineboller

Til 4 portioner

450 g hakket svinekød (kværnet)

100 g tofu, pureret

4 vandkastanjer, fint hakkede

Salt og friskkværnet peber

120 ml / 4 fl oz / ½ kop jordnøddeolie

1 skive ingefærrod, hakket

600 ml / 1 pt / 2½ kopper hønsebouillon

15 ml / 1 spsk sojasovs

5 ml / 1 tsk brun farin

5 ml/1 tsk risvin eller tør sherry

Bland svinekød, tofu og kastanjer sammen og smag til med salt og peber. Form til store kugler. Varm olien op, steg svinebollerne til de er gyldenbrune på alle sider og tag dem af panden. Dræn alt undtagen 15 ml/1 spsk olie fra og tilsæt ingefær, bouillon, sojasauce, sukker og vin eller sherry. Kom flæskebøfferne tilbage i gryden, bring det i kog og lad dem simre, indtil de er møre, 20 minutter.

Stegte svinekoteletter

Til 4 portioner

4 svinekoteletter

75 ml / 5 spsk sojasovs

fritureolie

100 gram selleri

3 forårsløg (spidskål), hakket

1 skive ingefærrod, hakket

15 ml / 1 spsk risvin eller tør sherry

120 ml / 4 fl oz / ½ kop kyllingebouillon

Salt og friskkværnet peber

5 ml/1 tsk sesamolie

Dyp svinekoteletterne i soyasaucen, indtil de er godt dækket. Varm olien op og steg koteletterne til de er gyldenbrune. Fjern og dræn godt af. Læg sellerien på bunden af et lavt ovnfast fad. Drys med skalotteløg og ingefær og anret svinekoteletterne ovenpå. Hæld vin eller sherry og bouillon over og smag til med salt og peber. Drys med sesamolie. Bages i en forvarmet ovn ved 200°C/400°C/gasmærke 6 i 15 minutter.

speget svinekød

Til 4 portioner

1 agurk, i tern

Salt

450 g magert svinekød i tern

5 ml/1 tsk salt

45 ml / 3 spsk sojasovs

30 ml / 2 spsk risvin eller tør sherry

30 ml / 2 spsk majsmel (majsstivelse)

15 ml / 1 spsk brun farin

60 ml/4 spsk jordnøddeolie

1 skive ingefærrod, hakket

1 fed hvidløg, hakket

1 rød chili, udkernet og hakket

60 ml / 4 spsk hønsebouillon

Drys agurken med salt og stil til side. Bland svinekød, salt, 15 ml/1 spsk sojasovs, 15 ml/1 spsk vin eller sherry, 15 ml/1 spsk majsmel, farin og 15 ml/1 spsk olivenolie sammen. Lad hvile i 30 minutter og fjern kødet fra marinaden. Opvarm den resterende olie og svits svinekødet, indtil det er let brunet. Tilsæt ingefær, hvidløg og rød peber og svits i 2 minutter. Tilsæt agurk og svits i 2 minutter. Rør bouillon og den resterende sojasovs, vin eller sherry og majsmel i marinaden. Rør dette i gryden og bring det i kog under omrøring. Kog under omrøring, indtil saucen bliver klar og tykner, og fortsæt med at simre, indtil kødet er mørt.

Glade flæskeskiver

Til 4 portioner

225 g magert svinekød, skåret i skiver

2 æggehvider

15 ml / 1 spsk majsmel (majsstivelse)

45 ml / 3 spsk jordnøddeolie (jordnøddeolie).

50 g bambusskud, skåret i skiver

6 forårsløg (spidskål), hakket

2,5 ml/½ tsk salt

15 ml / 1 spsk risvin eller tør sherry

150 ml/¼ pt/dynger ½ kop hønsebouillon

Bland svinekødet med æggehviderne og majsmel, indtil det er godt dækket. Varm olien op og svits svinekødet, indtil det er let brunet, og tag det derefter af panden. Tilsæt bambusskud og forårsløg og svits i 2 minutter. Kom svinekødet tilbage i gryden med salt, vin eller sherry og hønsebouillon. Bring i kog og kog under omrøring i 4 minutter, indtil svinekødet er mørt.

Svinekød med spinat og gulerødder

Til 4 portioner

225 g magert svinekød

2 gulerødder, skåret i strimler

225 g spinat

45 ml / 3 spsk jordnøddeolie (jordnøddeolie).

1 skalotteløg (forårsløg), finthakket

15 ml / 1 spsk sojasovs

2,5 ml/½ tsk salt

10 ml / 2 tsk majsmel (majsstivelse)

30 ml / 2 spsk vand

Skær svinekødet i tynde skiver mod kornet og skær det i strimler. Kog gulerødderne i cirka 3 minutter og afdryp. Halver spinatbladene. Varm olien op og svits purløg heri, indtil det er gennemsigtigt. Tilsæt svinekødet og sauter, indtil det er let brunet. Tilsæt gulerødder og sojasovs og sauter i 1 minut. Tilsæt salt og spinat og sauter indtil det er blødt, cirka 30 sekunder. Bland majsmel og vand til en pasta, rør i saucen, steg indtil bleg og server med det samme.

dampet svinekød

Til 4 portioner

450 g magert svinekød i tern
120 ml / 4 fl oz / ½ kop sojasovs
120 ml / 4 fl oz / ½ kop risvin eller tør sherry
15 ml / 1 spsk brun farin

Bland alle ingredienser sammen og kom i en varmefast skål. Sauter på en rist over kogende vand i ca 1 1/2 time, indtil de er møre.

Stegt flæsk

Til 4 portioner

25 g tørrede kinesiske svampe
15 ml / 1 spsk jordnøddeolie
450 g/1 lb magert svinekød, skåret i skiver
1 grøn peberfrugt, skåret i tern
15 ml / 1 spsk sojasovs
15 ml / 1 spsk risvin eller tør sherry
5 ml/1 tsk salt
5 ml/1 tsk sesamolie

Udblød svampene i varmt vand i 30 minutter og afdryp. Fjern stilkene og skær spidserne af. Varm olien op og svits svinekødet, indtil det er let brunet. Tilsæt peber og sauter i 1 minut. Tilsæt svampe, sojasovs, vin eller sherry og salt og svits i et par minutter, indtil kødet er mørt. Rør sesamolien i inden servering.

Svinekød med søde kartofler

Til 4 portioner

fritureolie

2 store søde kartofler, skåret i tern

30 ml/2 spsk jordnøddeolie

1 skive ingefærrod, skåret i skiver

1 løg, skåret i skiver

450 g magert svinekød i tern

15 ml / 1 spsk sojasovs

2,5 ml/½ tsk salt

friskkværnet peber

250 ml / 8 fl oz / 1 kop kyllingebouillon

30 ml/2 spsk karrypulver

Varm olien op og steg de søde kartofler til de er gyldenbrune. Tag af panden og dræn godt af. Opvarm jordnøddeolien (peanut oil) og svits ingefær og løg, indtil de er let brunede. Tilsæt svinekødet og sauter, indtil det er let brunet. Tilsæt sojasovsen, salt og en knivspids peber, tilsæt derefter bouillon og karry, bring det i kog og kog under omrøring i 1 minut. Tilsæt fritterne, læg låg på og kog indtil svinekødet er mørt, 30 minutter.

Flæsk sødt-syrligt

Til 4 portioner

450 g magert svinekød i tern

15 ml / 1 spsk risvin eller tør sherry

15 ml / 1 spsk jordnøddeolie

5ml/1 tsk karrypulver

1 sammenpisket æg

Salt

100 g majsmel (majsstivelse)

fritureolie

1 fed hvidløg, knust

75 g / 3 oz / ½ kop sukker

50 g tomatketchup (ketchup)

5 ml/1 tsk vineddike

5 ml/1 tsk sesamolie

Bland svinekødet med vin eller sherry, olivenolie, karry, æg og lidt salt. Rør majsmelet i, indtil svinekødet er dækket af dejen. Varm olien op, indtil den ryger, og tilsæt flæsk i tern flere gange. Steg i cirka 3 minutter, afdryp og stil til side. Varm olien op og steg ternene igen i cirka 2 minutter. Tag ud og dræn. Varm hvidløg, sukker, ketchup og vineddike op og rør, indtil sukkeret er opløst. Bring det i kog, og tilsæt derefter svineternene og bland godt. Bland med sesamolie og server.

saltet svinekød

Til 4 portioner

30 ml/2 spsk jordnøddeolie

450 g magert svinekød i tern

3 forårsløg (spidskål), skåret i skiver

2 fed hvidløg, knust

1 skive ingefærrod, hakket

250 ml / 8 fl oz / 1 kop sojasovs

30 ml / 2 spsk risvin eller tør sherry

30 ml / 2 spsk brun farin

5 ml/1 tsk salt

600ml / 1pt / 2½ kopper vand

Varm olien op og steg svinekødet til det er gyldenbrunt. Hæld overskydende olie fra, tilsæt skalotteløg, hvidløg og ingefær og svits i 2 minutter. Tilsæt sojasovs, vin eller sherry, sukker og salt og bland godt. Tilsæt vandet, bring det i kog, læg låg på og kog i 1 time.

Svinekød med tofu

Til 4 portioner

450 g/1 lb magert svinekød

45 ml / 3 spsk jordnøddeolie (jordnøddeolie).

1 løg, skåret i skiver

1 fed hvidløg, knust

225 g tofu i tern

375 ml / 13 fl oz / 1½ kop kyllingebouillon

15 ml / 1 spsk brun farin

60 ml / 4 spsk sojasovs

2,5 ml/½ tsk salt

Læg svinekødet i en gryde og dæk med vand. Bring i kog og kog derefter i 5 minutter. Dræn, lad afkøle og skær i tern.

Varm olien op og svits løg og hvidløg til det er let brunet. Tilsæt svinekødet og sauter, indtil det er let brunet. Tilsæt tofuen og rør forsigtigt, indtil den er dækket af olien. Tilsæt bouillon, sukker, sojasovs og salt, bring det i kog, læg låg på og kog indtil svinekødet er mørt, cirka 40 minutter.

blødt svinekød

Til 4 portioner

225 g svinefilet i tern

1 æggehvide

30 ml / 2 spsk risvin eller tør sherry

Salt

225 g / 8 oz majsmel (majsstivelse)

fritureolie

Bland svinekødet med æggehvider, vin eller sherry og lidt salt. Tilsæt gradvist nok majsmel til at danne en tyk dej. Varm olien op og svits svinekødet til det er gyldent og sprødt udenpå og mørt indeni.

To gange svinekød

Til 4 portioner

225 g magert svinekød

45 ml / 3 spsk jordnøddeolie (jordnøddeolie).

2 grønne peberfrugter, skåret i stykker

2 fed hvidløg, hakket

2 forårsløg (spidskål), skåret i skiver

15 ml / 1 spsk varm bønnesauce

15 ml / 1 spsk hønsebouillon

5 ml/1 tsk sukker

Læg svinekødet i en gryde, dæk med vand, bring det i kog og kog det mørt, 20 minutter. Si og afdryp og lad det køle af. Skær i tynde skiver.

Varm olien op og svits svinekødet, indtil det er let brunet. Tilsæt peberfrugt, hvidløg og purløg og svits i 2 minutter. Tag op af gryden. Tilsæt bønnedip, bouillon og sukker til gryden og kog under omrøring i 2 minutter. Kom svinekød og peberfrugt tilbage og steg det, indtil det er gennemvarmet. Server straks.

svinekød med grøntsager

Til 4 portioner

2 fed hvidløg, knust

5 ml/1 tsk salt

2,5 ml/½ tsk friskkværnet peber

30 ml/2 spsk jordnøddeolie

30 ml / 2 spsk sojasovs

225 g broccolibuketter

200 g blomkålsbuketter

1 rød peberfrugt i tern

1 hakket løg

2 appelsiner, skrællet og skåret i tern

1 stykke ingefærstilk, hakket

30 ml / 2 spsk majsmel (majsstivelse)

300 ml / ½ pt / 1 ¼ kopper vand

20ml/2 spsk vineddike

15 ml/1 spsk honning
Knip malet ingefær
2,5 ml/½ tsk spidskommen

Mos hvidløg, salt og peber i kødet. Varm olien op og svits kødet til det er let brunet. Tag op af gryden. Tilsæt sojasovsen og grøntsagerne på panden og steg, indtil de er bløde, men stadig sprøde. Tilsæt appelsiner og ingefær. Kombiner majsmel og vand og vend i gryden med vineddike, honning, ingefær og spidskommen. Bring i kog og kog under omrøring i 2 minutter. Kom svinekødet tilbage i gryden og varm det op igen inden servering.

Svinekød med nødder

Til 4 portioner

50 g / 2 oz / ½ kop valnødder
225 g magert svinekød, skåret i strimler
30 ml/2 spsk mel (all-purpose mel)
30 ml / 2 spsk brun farin
30 ml / 2 spsk sojasovs
fritureolie
15 ml / 1 spsk jordnøddeolie

Blancher valnødderne i kogende vand i 2 minutter og afdryp. Bland svinekødet med mel, sukker og 15 ml/1 spsk sojasovs, indtil det er godt dækket. Varm olien op og steg svinekødet sprødt og gyldenbrunt. Afdryp på køkkenpapir. Varm jordnøddeolien (peanut oil) op og steg nødderne til de er gyldenbrune. Kom svinekødet i gryden, dryp med den resterende sojasovs og svits, indtil det er rygende varmt.

Svinekød Wontons

Til 4 portioner

450 g hakket svinekød (kværnet)

1 skalotteløg (forårsløg), hakket

225 g blandet grønt, hakket

30 ml / 2 spsk sojasovs

5 ml/1 tsk salt

40 wonton skind

fritureolie

Varm en stegepande op og svits svinekød og purløg til det er let brunet. Tag af varmen og tilsæt grøntsagerne, sojasovsen og salt.

For at folde wontons skal du holde huden i din venstre håndflade og lægge lidt fyld i midten. Fugt kanterne med ægget, fold skindet til en trekant og forsegl kanterne. Fugt hjørnerne med æg og vrid dem sammen.

Varm olien op og steg wontonsene en ad gangen, indtil de er gyldenbrune. Dræn godt af inden servering.

Svinekød med vandkastanjer

Til 4 portioner

45 ml / 3 spsk jordnøddeolie (jordnøddeolie).
1 fed hvidløg, knust
1 skalotteløg (forårsløg), hakket
1 skive ingefærrod, hakket
225 g magert svinekød, skåret i strimler
100 g vandkastanjer i tynde skiver
45 ml / 3 spsk sojasovs
15 ml / 1 spsk risvin eller tør sherry
5 ml / 1 tsk majsmel (majsstivelse)

Varm olien op og svits hvidløg, skalotteløg og ingefær let brunet. Tilsæt svinekødet og svits i 10 minutter, indtil det er brunt. Tilsæt vandkastanjerne og svits i 3 minutter. Tilsæt de øvrige ingredienser og svits i 3 minutter.

Svinekød og rejer wontons

Til 4 portioner

225 g / 8 oz hakket svinekød (kværnet)

2 forårsløg (spidskål), hakket

100 g blandede grøntsager, hakket

100 g champignon, hakket

225 g pillede rejer, hakket

15 ml / 1 spsk sojasovs

2,5 ml/½ tsk salt

40 wonton skind

fritureolie

Varm en stegepande op og svits svinekød og purløg til det er let brunet. Tilsæt resten af ingredienserne.

For at folde wontons skal du holde huden i din venstre håndflade og lægge lidt fyld i midten. Fugt kanterne med ægget, fold skindet til en trekant og forsegl kanterne. Fugt hjørnerne med æg og vrid dem sammen.

Varm olien op og steg wontonsene en ad gangen, indtil de er gyldenbrune. Dræn godt af inden servering.

Dampede frikadeller

Til 4 portioner

2 fed hvidløg, knust

2,5 ml/½ tsk salt

450 g hakket svinekød (kværnet)

1 hakket løg

1 rød peberfrugt, hakket

1 grøn peberfrugt, hakket

2 stykker hakket ingefærstang

5ml/1 tsk karrypulver

5 ml/1 tsk paprika

1 sammenpisket æg

45 ml / 3 spsk majsmel (majsstivelse)

50 g kortkornet ris

Salt og friskkværnet peber

60 ml / 4 spsk hakket purløg

Rør hvidløg, salt, svinekød, løg, chili, ingefær, karry og paprika i. Arbejd ægget ind i majsmel-risblandingen. Smag til med salt og peber, og tilsæt herefter purløg. Form små kugler af blandingen med våde hænder. Læg dem i en dampkoger, dæk til og kog dem i kogende vand, indtil de er møre, 20 minutter.

Ribben med sorte bønnesauce

Til 4 portioner

900g / 2 pund spareribs

2 fed hvidløg, knust

2 forårsløg (spidskål), hakket

30 ml / 2 spsk sort bønnesauce

30 ml / 2 spsk risvin eller tør sherry

15 ml / 1 spsk vand

30 ml / 2 spsk sojasovs

15 ml / 1 spsk majsmel (majsstivelse)

5 ml/1 tsk sukker

120 ml / 4 fl oz ½ kop vand

30ml/2 spsk olie

2,5 ml/½ tsk salt

120 ml / 4 fl oz / ½ kop kyllingebouillon

Skær ribbenene i 2,5 cm stykker. Tilsæt hvidløg, purløg, sorte bønnesauce, vin eller sherry, vand og 15 ml/1 spsk sojasauce. Bland den resterende sojasovs med majsmel, sukker og vand. Varm olie og salt op og steg ribbenene til de er gyldenbrune. Dræn olien af. Tilsæt hvidløgsblandingen og svits i 2 minutter. Tilsæt bouillon, bring det i kog, læg låg på og kog i 4 minutter. Tilsæt majsmelblandingen og kog under omrøring, indtil saucen er blevet lysere og tyknet.

Braiseret ribben

Til 4 portioner

3 fed hvidløg, knust

75 ml / 5 spsk sojasovs

60 ml/4 spsk hoisinsauce

60 ml / 4 spsk risvin eller tør sherry

45 ml / 3 spsk brun farin

30 ml / 2 spsk tomatpure (pasta)

900g / 2 pund spareribs

15 ml/1 spsk honning

Kombiner hvidløg, sojasauce, hoisinsauce, vin eller sherry, farin og tomatpuré, hæld over ribbenene, læg låg på og mariner natten over.

Dræn ribbenene og læg dem på en rist i en gryde med lidt vand under. Bag i en forvarmet ovn ved 180°C/350°F/Gas 4 45 minutter, dryp af og til med marinaden og gem 30 ml/2 spsk af marinaden. Bland den reserverede marinade med honningen og pensl ribbenene med den. Grill eller grill (broil) under en varm grill i cirka 10 minutter.

Stegt ahornschnitzel

Til 4 portioner

900g / 2 pund spareribs

60 ml / 4 spsk ahornsirup

5 ml/1 tsk salt

5 ml/1 tsk sukker

45 ml / 3 spsk sojasovs

15 ml / 1 spsk risvin eller tør sherry

1 fed hvidløg, knust

Skær ribbenene i 5 cm/2 cm stykker og læg dem i en skål. Bland alle ingredienser sammen, tilsæt ribben og bland godt. Dæk til og lad marinere natten over. Grill (broil) eller grill ved medium-høj varme i cirka 30 minutter.

Stegt Schnitzel

Til 4 portioner

900g / 2 pund spareribs

120 ml / 4 fl oz / ½ kop tomatketchup (ketchup)

120 ml / 4 fl oz / ½ kop vineddike

60 ml/4 spsk mango chutney

45 ml / 3 spsk risvin eller tør sherry

2 fed hvidløg, hakket

5 ml/1 tsk salt

45 ml / 3 spsk sojasovs

30 ml/2 spsk honning

15 ml/1 spsk mild karrypulver

15 ml/1 spsk paprika

fritureolie

60 ml / 4 spsk hakket purløg

Læg ribbenene i en skål. Bland alle ingredienser undtagen olie og purløg, hæld over ribben, læg låg på og mariner i mindst 1 time. Varm olien op og steg ribbenene til de er sprøde. Server drysset med purløg.

Ribben med porre

Til 4 portioner

450 g/1 pund svineribs

fritureolie

250 ml / 8 fl oz / 1 kop bouillon

30 ml/2 spsk tomatketchup (ketchup)

2,5 ml/½ tsk salt

2,5 ml/½ tsk sukker

2 porrer, skåret i stykker

6 forårsløg (forårsløg), skåret i små stykker

50 g broccolibuketter

5 ml/1 tsk sesamolie

Skær ribbenene i 5 cm stykker. Varm olien op og svits ribbenene, indtil de begynder at blive brune. Fjern fra panden og hæld alt på nær 30 ml/2 spsk olie. Tilsæt bouillon, ketchup, salt og sukker, bring i kog og kog i 1 minut. Kom ribbenene tilbage i gryden og kog indtil de er møre, cirka 20 minutter.

Opvarm imens yderligere 30 ml/2 spsk olie og svits porrer, forårsløg og broccoli i cirka 5 minutter. Dryp med sesamolie og anret dem på en varm tallerken. Anret ribben og sauce i midten og server.

Ribben med svampe

Til 4-6 personer

6 tørrede kinesiske svampe

900g / 2 pund spareribs

2 stjerneanis søjler

45 ml / 3 spsk sojasovs

5 ml/1 tsk salt

15 ml / 1 spsk majsmel (majsstivelse)

Udblød svampene i varmt vand i 30 minutter og afdryp. Kassér stilkene og skær spidserne af. Skær ribbenene i 5 cm stykker. Bring en gryde med vand i kog, tilsæt ribbenene og kog i 15 minutter. Tør godt. Kom ribbenene tilbage i gryden og dæk med koldt vand. Tilsæt svampe, stjerneanis, sojasovs og salt. Bring i kog, dæk til og kog indtil kødet er mørt, cirka 45 minutter. Bland majsstivelsen med lidt koldt vand, hæld i gryden og kog under omrøring, indtil saucen bliver klar og tykner.

Ribben med appelsin

Til 4 portioner

900g / 2 pund spareribs

5 ml / 1 tsk revet ost

5 ml / 1 tsk majsmel (majsstivelse)

45 ml / 3 spsk risvin eller tør sherry

Salt

fritureolie

15 ml / 1 spsk vand

2,5 ml/½ tsk sukker

15 ml / 1 spsk tomatpure (pasta)

2,5 ml/½ tsk chilisauce

revet skal af 1 appelsin

1 appelsin, skåret i skiver

Skær ribbenene i stykker og bland med ost, majsmel, 5ml/1 tsk vin eller sherry og et nip salt. Lad marinere i 30 minutter.

Varm olien op og steg ribbenene, indtil de er gyldenbrune, cirka 3 minutter. Opvarm 15 ml/1 spsk olivenolie i en wok, tilsæt resterende vand, sukker, tomatpure, chilisauce, appelsinskal og resterende vin eller sherry og rør ved svag varme i 2 minutter. Tilsæt svinekødet og rør, indtil det er godt dækket. Læg på en varm tallerken og server pyntet med appelsinskiver.

ananaskotelet

Til 4 portioner

900g / 2 pund spareribs

600ml / 1pt / 2½ kopper vand

30 ml/2 spsk jordnøddeolie

2 fed hvidløg, finthakket

200 g dåse ananasstykker i juice

120 ml / 4 fl oz / ½ kop kyllingebouillon

60ml/4 spsk vineddike

50 g / 2 ounce / ¼ kop brun farin

15 ml / 1 spsk sojasovs

15 ml / 1 spsk majsmel (majsstivelse)

3 forårsløg (spidskål), hakket

Kom svinekød og vand i en gryde, bring det i kog, læg låg på og kog i 20 minutter. Tør godt.

Varm olien op og svits hvidløget, indtil det er let brunet. Tilsæt spareribs og steg indtil godt dækket med olie. Dræn ananasstykkerne og tilsæt 120 ml/4 fl oz/½ kop juice til gryden sammen med bouillon, vineddike, sukker og sojasovs. Bring i kog, læg låg på og kog i 10 minutter. Tilsæt den drænede ananas. Bland majsstivelsen med lidt vand, tilsæt saucen og kog under omrøring, indtil saucen bliver lysere og tykkere. Server drysset med purløg.

Sprød rejekotelet

Til 4 portioner

900g / 2 pund spareribs

450 g pillede rejer

5 ml/1 tsk sukker

Salt og friskkværnet peber

30 ml/2 spsk mel (all-purpose mel)

1 æg, let pisket

100 gram rasp

fritureolie

Skær ribbenene i 5 cm stykker. Fjern en del af kødet og bland med rejer, sukker, salt og peber. Ælt mel og æg i lige nok til at gøre blandingen klistret. Pres ribbenene over det hele og drys med rasp. Varm olien op og svits ribbenene, indtil de kommer op til overfladen. Dræn godt af og server varm.

Ribben i risvin

Til 4 portioner

900g / 2 pund spareribs

450 ml / ¾ pt / 2 kopper vand

60 ml / 4 spsk sojasovs

5 ml/1 tsk salt

30 ml/2 spsk risvin

5 ml/1 tsk sukker

Skær ribbenene i 2,5 cm stykker. Kom vand, sojasovs og salt i en gryde, bring det i kog, læg låg på og kog i 1 time. Tør godt. Varm en pande op og tilsæt ribben, risvin og sukker. Steg ved høj varme, indtil væsken er fordampet.

Ribben med sesam

Til 4 portioner

900g / 2 pund spareribs

1 æg

30 ml/2 spsk mel (all-purpose mel)

5 ml / 1 tsk kartoffelmel

45 ml / 3 spsk vand

fritureolie

30 ml/2 spsk jordnøddeolie

30 ml/2 spsk tomatketchup (ketchup)

30 ml / 2 spsk brun farin

10 ml/2 tsk vineddike

45 ml / 3 spsk sesamfrø

4 salatblade

Skær ribbenene i 10 cm/4 cm stykker og læg dem i en skål. Bland æg med mel, stivelse og vand, tilsæt til ribbenene og lad det hvile i 4 timer.

Varm olien op og steg ribbenene til de er gyldenbrune, tag dem ud og afdryp. Varm olien op og svits tomatsauce, farin og vineddike i et par minutter. Tilsæt spareribs og kog indtil de er godt dækket. Drys med sesamfrø og steg i 1 minut. Anret salatbladene på et lunt fad, pynt med ribbenene og server.

Schnitzel med sød og sur sauce

Til 4 portioner

900g / 2 pund spareribs

600ml / 1pt / 2½ kopper vand

30 ml/2 spsk jordnøddeolie

2 fed hvidløg, knust

5 ml/1 tsk salt

100 g / 4 ounce / ½ kop brun farin

75 ml / 5 spsk hønsebouillon

60ml/4 spsk vineddike

100 g ananasstykker i sirup

15 ml / 1 spsk tomatpure (pasta)

15 ml / 1 spsk sojasovs

15 ml / 1 spsk majsmel (majsstivelse)

30 ml / 2 spsk revet kokosnød

Kom svinekød og vand i en gryde, bring det i kog, læg låg på og kog i 20 minutter. Tør godt.

Varm olien op og steg spareribsene med hvidløg og salt til de er gyldenbrune. Tilsæt sukker, bouillon og vineddike og bring det i kog. Dræn ananasen og tilsæt 30 ml/2 spsk af siruppen med tomatpuré, sojasovs og majsstivelse til gryden. Bland godt og lad det simre under omrøring, indtil saucen er let og tyk. Tilsæt ananas, kog i 3 minutter og server drysset med kokos.

Braiseret ribben

Til 4 portioner

900g / 2 pund spareribs

1 sammenpisket æg

5 ml/1 tsk sojasovs

5 ml/1 tsk salt

10 ml / 2 tsk majsmel (majsstivelse)

10 ml / 2 tsk sukker

60 ml/4 spsk jordnøddeolie

250 ml / 8 fl oz / 1 kop vineddike

250 ml / 8 fl oz / 1 kop vand

250 ml / 8 fl oz / 1 kop risvin eller tør sherry

Læg ribbenene i en skål. Pisk æg, sojasovs, salt, halvdelen af majsstivelsen og halvdelen af sukkeret sammen, tilsæt ribbenene og bland det godt sammen. Varm olien op og steg ribbenene til de er gyldenbrune. Tilsæt de øvrige ingredienser, bring det i kog og kog indtil væsken næsten er fordampet.

Ribben med tomat

Til 4 portioner

900g / 2 pund spareribs

75 ml / 5 spsk sojasovs

30 ml / 2 spsk risvin eller tør sherry

2 sammenpisket æg

45 ml / 3 spsk majsmel (majsstivelse)

fritureolie

45 ml / 3 spsk jordnøddeolie (jordnøddeolie).

1 løg, skåret i tynde skiver

250 ml / 8 fl oz / 1 kop kyllingebouillon

60 ml/4 spsk tomatketchup (ketchup)

10 ml / 2 tsk brun farin

Skær ribbenene i 2,5 cm stykker. Bland med 60 ml/4 spsk sojasovs og vinen eller sherryen og mariner i 1 time, mens der røres af og til. Afdryp, behold marinaden. Dyp ribbenene i ægget og derefter i majsmel. Varm olien op og steg ribbenene en ad gangen til de er gyldenbrune. Tør godt. Varm jordnøddeolien (peanut oil) op og svits løget heri, indtil det er gennemsigtigt. Tilsæt bouillon, den resterende sojasovs, ketchup og brun farin og kog under omrøring i 1 minut. Tilsæt ribbenene og kog i 10 minutter.

Grillet flæskesteg

Til 4-6 personer

1,25 kg / 3 pund udbenet svinekødsskulder
2 fed hvidløg, knust
2 forårsløg (spidskål), hakket
250 ml / 8 fl oz / 1 kop sojasovs
120 ml / 4 fl oz / ½ kop risvin eller tør sherry
100 g / 4 ounce / ½ kop brun farin
5 ml/1 tsk salt

Kom svinekødet i en skål. Bland de resterende ingredienser sammen, hæld over svinekød, læg låg på og mariner i 3 timer. Læg svinekødet og marinaden i en bradepande og steg i en forvarmet ovn ved 200°C/400°F/gasmærke 6 i 10 minutter. Reducer varmen til 160°C/325°F/gasmærke 3 1¾ time, indtil svinekødet er mørt.

Kold flæsk med sennep

Til 4 portioner

1 kg udbenet flæskesteg

250 ml / 8 fl oz / 1 kop sojasovs

120 ml / 4 fl oz / ½ kop risvin eller tør sherry

100 g / 4 ounce / ½ kop brun farin

3 forårsløg (spidskål), hakket

5 ml/1 tsk salt

30 ml / 2 spsk sennepspulver

Kom svinekødet i en skål. Bland alle de resterende ingredienser undtagen sennep sammen og hæld over svinekød. Lad det marinere i mindst 2 timer, og drys ofte. Beklæd en bradepande med alufolie og læg svinekødet på en rist i gryden. Steg i en forvarmet ovn ved 200°C/400°F/gasmærke 6 i 10 minutter, og reducer derefter temperaturen til 160°C/325°F/gasmærke 3 i yderligere 1¾ time, indtil kødet er mørt. bud. Lad afkøle og sæt derefter i køleskabet. Skær det godt. Bland sennepspulveret med nok vand til at skabe en cremet pasta, som du kan servere til svinekødet.

Kinesisk flæskesteg

Til 6 portioner

1,25 kg stykke svinekød, skåret i tykke skiver

2 fed hvidløg, finthakket

30 ml / 2 spsk risvin eller tør sherry

15 ml / 1 spsk brun farin

15 ml/1 spsk honning

90 ml / 6 spsk sojasovs

2,5 ml/½ teskefuld fem krydderipulver

Anret svinekødet i en lav skål. Bland de resterende ingredienser sammen, hæld over svinekød, læg låg på og mariner i køleskabet natten over, vend og drys af og til.

Anret flæskeskiverne på en rist i en bageplade fyldt med lidt vand og dryp godt med marinaden. Steg i den forvarmede ovn ved 180°C/350°F/Gasmærke 5 i ca. 1 time, rist af og til, indtil svinekødet er mørt.

Svinekød med spinat

Til 6-8 personer

30 ml/2 spsk jordnøddeolie

1,25 kg svinemørbrad

250 ml / 8 fl oz / 1 kop kyllingebouillon

15 ml / 1 spsk brun farin

60 ml / 4 spsk sojasovs

900 g / 2 pund spinat

Varm olien op og svits kødet på alle sider. Kassér det meste af fedtet. Tilsæt bouillon, sukker og sojasovs, bring det i kog, læg låg på og kog til svinekødet er mørt, ca. 2 timer. Tag kødet af panden, lad det køle lidt af og skær det derefter i skiver. Tilsæt spinaten i gryden og kog under forsigtigt omrøring, indtil den er mør. Dræn spinaten og anret den på en forvarmet tallerken. Top med flæskeskiverne og server.

stegte svinefrikadeller

Til 4 portioner

450 g hakket svinekød (kværnet)

1 skive ingefærrod, hakket

15 ml / 1 spsk majsmel (majsstivelse)

15 ml / 1 spsk vand

2,5 ml/½ tsk salt

10 ml/2 tsk sojasovs

fritureolie

Bland svinekød og ingefær i. Pisk majsmel, vand, salt og sojasovs sammen, tilsæt derefter blandingen til svinekødet og bland godt. Form kugler på størrelse med valnød. Varm olien op og steg svinebollerne, indtil de flyder op til overfladen. Fjern fra olien og varm op. Kom svinekødet tilbage i gryden og steg i 1 minut. Tør godt.

Svinekød og rejerruller

Til 4 portioner

30 ml/2 spsk jordnøddeolie

225 g / 8 oz hakket svinekød (kværnet)

225 g rejer

100 g kinesiske blade, hakket

100 g bambusskud, skåret i strimler

100 g vandkastanjer, skåret i strimler

10 ml/2 tsk sojasovs

5 ml/1 tsk salt

5 ml/1 tsk sukker

3 forårsløg (spidskål), finthakket

8 æggerulleskind

fritureolie

Varm olien op og svits svinekødet, indtil det er svitset. Tilsæt rejerne og sauter i 1 minut. Tilsæt kinesiske blade, bambusskud, vandkastanjer, sojasovs, salt og sukker og sauter i 1 minut, dæk derefter til og kog i 5 minutter. Tilsæt purløg, passer gennem en sigte og lad det dryppe af.

Placer et par klatter af fyldblandingen i midten af hver rouladeplade, fold bunden og siderne om, og rul derefter sammen for at omslutte fyldet. Luk kanten med lidt mel- og vandblanding og lad den tørre i 30 minutter. Varm olien op og steg rullerne sprøde og gyldenbrune, cirka 10 minutter. Dræn godt af inden servering.

Dampet hakket svinekød

Til 4 portioner

450 g hakket svinekød (kværnet)

5 ml / 1 tsk majsmel (majsstivelse)

2,5 ml/½ tsk salt

10 ml/2 tsk sojasovs

Bland svinekødet med de øvrige ingredienser og fordel blandingen i en lav skål. Anbring i en dampkoger over kogende vand og damp til den er gennemstegt, cirka 30 minutter. Serveres varm.

Stegt flæsk med krabbekød

Til 4 portioner

225 g/8 ounce krabbekød, i flager

100 g champignon, hakket

100 g bambusskud, hakket

5 ml / 1 tsk majsmel (majsstivelse)

2,5 ml/½ tsk salt

225 g kogt svinekød, skåret i skiver

1 æggehvide, let pisket

fritureolie

15 ml/1 spsk hakket frisk persille

Rør krabbekødet, svampe, bambusskud, det meste af majsmelet og salt i. Skær kødet i 5 cm firkanter. Lav sandwich med krabbekødblandingen. Dyp i æggehvide. Varm olien op og steg bollerne en efter en, indtil de er gyldenbrune. Tør godt. Server drysset med persille.

Svinekød med bønnespirer

Til 4 portioner

30 ml/2 spsk jordnøddeolie

2,5 ml/½ tsk salt

2 fed hvidløg, knust

450 g / 1 pund bønnespirer

225 g kogt svinekød i tern

120 ml / 4 fl oz / ½ kop kyllingebouillon

15 ml / 1 spsk sojasovs

15 ml / 1 spsk risvin eller tør sherry

5 ml/1 tsk sukker

15 ml / 1 spsk majsmel (majsstivelse)

2,5 ml/½ tsk sesamolie

3 forårsløg (spidskål), hakket

Varm olien op og svits salt og hvidløg til det er let brunet. Tilsæt bønnespirer og svinekød og sauter i 2 minutter. Tilsæt halvdelen af bouillonen, bring det i kog, læg låg på og kog i 3 minutter. Bland den resterende bouillon med de resterende ingredienser, rør i gryden, bring det i kog igen og kog under omrøring i 4 minutter. Server drysset med purløg.

beruset gris

Til 6 portioner

1,25 kg udbenet svinekød

30 ml / 2 spsk salt

friskkværnet peber

1 skalotteløg (forårsløg), hakket

2 fed hvidløg, hakket

1 flaske tør hvidvin

Læg svinekødet i en stegepande og tilsæt salt, peber, purløg og hvidløg. Dæk med kogende vand, bring i kog igen, dæk til og kog i 30 minutter. Fjern svinekødet fra panden, lad det køle af og stil det på køl i 6 timer eller natten over. Skær svinekødet i store stykker og læg det i en stor krukke. Top med vinen, dæk til og stil på køl i mindst 1 uge.

dampet svinelår

Til 6-8 personer

1 lille svinekødslår

90 ml / 6 spsk sojasovs

450 ml / ¾ pt / 2 kopper vand

45 ml / 3 spsk brun farin

15 ml / 1 spsk risvin eller tør sherry

30 ml/2 spsk jordnøddeolie

3 fed hvidløg, knust

450 g/1 kg spinat

2,5 ml/½ tsk salt

30 ml / 2 spsk majsmel (majsstivelse)

Prik svineskindet over det hele med en skarp kniv og gnid med 30 ml/2 spsk sojasovs. Kom vand i en stor gryde, bring det i kog, læg låg på og kog i 40 minutter. Dræn, behold væsken, lad svinekødet køle af, og læg det derefter i en varmefast skål.

Bland 15ml/1 spsk sukker, vin eller sherry og 30ml/2 spsk sojasovs og gnid over svinekødet. Varm olien op og svits hvidløget, indtil det er let brunet. Tilsæt det resterende sukker og sojasovs, hæld blandingen over svinekødet og dæk skålen. Læg skålen i en wok og fyld siderne halvt med vand. Dæk til og damp i cirka 1,5 time, tilsæt eventuelt kogende vand. Skær spinaten i 5 cm stykker og drys med salt. Bring en gryde med vand i kog og hæld spinaten over. Lad det stå i 2 minutter, indtil spinaten er blød, dryp af og anret den på en forvarmet tallerken. Læg svinekødet ovenpå. Bring svinebouillonen i kog. Bland majsstivelsen med lidt vand tilsæt til bouillonen og kog under omrøring, indtil saucen er klar og tykner. Hæld svinekødet over og server.

Flæskesteg med grøntsager

Til 4 portioner

50 g / 2 oz / ½ kop blancherede mandler

30 ml/2 spsk jordnøddeolie

Salt

100 g champignon i tern

100 g bambusskud i tern

1 løg, i tern

2 stænger selleri i tern

100 g mangetout (ærter), i tern

Skær 4 vandkastanjer i tern

1 skalotteløg (forårsløg), hakket

20 ml / 4 fl oz / ½ kop kyllingebouillon

225 g / 8 oz Grillet flæskesteg, i tern

15 ml / 1 spsk majsmel (majsstivelse)

45 ml / 3 spsk vand

2,5 ml/½ tsk sukker

friskkværnet peber

Rist mandlerne til de er let brune. Opvarm olie og salt, tilsæt derefter grøntsagerne og sauter i 2 minutter, indtil de er dækket med olie. Tilsæt bouillonen, bring det i kog, dæk til og kog, indtil grøntsagerne er næsten kogte, men stadig sprøde, 2 minutter. Tilsæt svinekødet og varm igennem. Bland majsmel, vand, sukker og peber og rør det i saucen. Kog under omrøring, indtil saucen er klar og tykner.

To gange svinekød

Til 4 portioner

45 ml / 3 spsk jordnøddeolie (jordnøddeolie).

6 forårsløg (spidskål), hakket

1 fed hvidløg, knust

1 skive ingefærrod, hakket

2,5 ml/½ tsk salt

225 g kogt svinekød i tern

15 ml / 1 spsk sojasovs

15 ml / 1 spsk risvin eller tør sherry

30 ml/2 spsk bønnepasta

Varm olien op og svits løg, hvidløg, ingefær og salt, indtil det er let brunet. Tilsæt svinekødet og svits i 2 minutter. Tilsæt sojasovs, vin eller sherry og bønnepasta og steg i 3 minutter.

Svinekødsnyrer med sukkerærter

Til 4 portioner

4 svinenyrer, halveret og udkernet

30 ml/2 spsk jordnøddeolie

2,5 ml/½ tsk salt

1 skive ingefærrod, hakket

3 stænger selleri, hakket

1 hakket løg

30 ml / 2 spsk sojasovs

15 ml / 1 spsk risvin eller tør sherry

5 ml/1 tsk sukker

60 ml / 4 spsk hønsebouillon

225 g / 8 oz sneærter (ærter)

15 ml / 1 spsk majsmel (majsstivelse)

45 ml / 3 spsk vand

Kog nyrerne i 10 minutter, dræn og skyl i koldt vand. Varm olien op og svits salt og ingefær i et par sekunder. Tilsæt nyrerne og sauter i 30 sekunder, indtil de er belagt med olie. Tilsæt selleri og løg og svits i 2 minutter. Tilsæt sojasovs, vin eller sherry og sukker og sauter 1 minut. Tilsæt bouillon, bring i kog, læg låg på og kog i 1 minut. Tilsæt sukkerærter, læg låg på og kog i 1 minut. Pisk majsmel og vand sammen, tilsæt derefter saucen og kog indtil saucen lysner og tykner. Server straks.

www.ingramcontent.com/pod-product-compliance
Lightning Source LLC
Chambersburg PA
CBHW050348120526
44590CB00015B/1609